하이데거의 「"신은 죽었다"는 니체의 말」 읽기

세창명저산책_049

하이데거의 「"신은 죽었다"는 니체의 말」 읽기

초판 1쇄 인쇄 2016년 12월 20일
초판 1쇄 발행 2016년 12월 26일
–

지은이 박찬국
펴낸이 이방원
기획위원 원당희
편집 윤원진·김명희·이윤석·안효희·강윤경·홍순용
디자인 손경화·박선옥 **마케팅** 최성수
–

펴낸곳 세창미디어
출판신고 2013년 1월 4일 제312-2013-000002호
주소 03735 서울시 서대문구 경기대로 88 냉천빌딩 4층
전화 02-723-8660 팩스 02-720-4579
이메일 sc1992@empal.com 홈페이지 http://www.sechangpub.co.kr/
–

ISBN 978-89-5586-472-4 03160

이 도서의 국립중앙도서관 출판시도서목록(CIP)은 서지정보유통지원시스템 홈페이지(http://seoji.nl.go.kr)와
국가자료공동목록시스템(http://www.nl.go.kr/kolisnet)에서 이용하실 수 있습니다. CIP제어번호: CIP2016030584

_ 이미지 출처: https://commons.wikimedia.org (Author: Willy Pragher, Source: Landesarchiv Baden-Württemberg)
_ 이 연구는 2015년 서울대학교 철학사상연구소 수불기금 지원에 의해서 수행되었음.

세창명저산책_049

박찬국 지음

하이데거의
「"신은 죽었다"는 니체의 말」 읽기

세창미디어
MEDIA

머리말

　현대인들은 전대미문의 물질적인 풍요를 구가하고 있음에도 그들의 삶에는 무의미와 공허가 지배하고 있다. 현대의 갖가지 병리현상들, 즉 나치즘과 볼셰비즘 등과 같은 광신적인 이데올로기의 출현이나 그리스도교나 이슬람교 등에서 근본주의의 대두, 각국 간의 군사적·경제적 경쟁의 심화, 인간의 기본 욕구를 충족시키는 차원을 넘어서 새로운 욕구를 끊임없이 자극하는 현란한 소비물자와 오락거리들의 급속한 증가 등은 현대를 근저에서 지배하는 무의미와 공허로부터 벗어나려는 단말마적인 몸부림으로 볼 수 있다.

　이렇게 무의미와 공허가 지배하는 사태를 일찍이 니체와 하이데거는 니힐리즘이라고 불렀으며, 이들은 이러한 니힐리즘의 기원과 본질을 통찰함으로써 그것을 극복하는 것을 자신들의 철학적 과제로 삼았다. 그러나 양자는 니힐리즘의 기원과 본질 그리고 극복 방향을 근본적으로 서로 다르게 파악하고 있다.

니체는 니힐리즘의 본질을 "신은 죽었다Gott ist tot"라는 충격적인 말로 표현했다. 니체가 이 말로 표현하려고 한 것은 근대에는 플라톤의 이데아나 그리스도교의 초월적인 신과 같은 모든 초감각적인 가치의 존재에 대한 믿음이 사라져 버렸다는 것, 그리고 이와 함께 이러한 가치들은 인간의 삶을 규정할 수 있는 힘을 상실했다는 것이다. 그런데 이러한 가치들은 그동안 인간의 삶에 의미와 방향을 부여해 온 가치들이었다. 따라서 이러한 가치들이 설득력을 잃게 되면서 인간의 삶에는 의미상실과 가치상실이 지배하게 된다. 이와 같이 니체는 니힐리즘이라는 말로 전통적인 최고의 가치들의 붕괴와 함께 인간의 삶에 의미상실과 가치상실이 지배하게 되는 사태를 가리키고 있다. 니체는 이러한 사태를 가치정립의 원리를 더 이상 초감각적인 존재에서 찾지 않고 모든 존재자의 본질인 힘에의 의지에서 찾음으로써 극복하려고 한다.

니체와 달리 하이데거는 니힐리즘이라는 말로 현대기술

문명에서 인간을 비롯한 모든 존재자가 계산 가능한 에너지로 전락함으로써 고유한 존재의미를 상실해 버리는 사태를 가리키고 있다. 현대기술문명에서는 강이나 산도 한갓 수력 에너지원이나 광물 에너지원으로 간주되며, 인간도 계산 가능한 육체적 에너지나 지적인 에너지로 취급되고 있다. 이와 함께 모든 존재자들이 고유한 존재와 무게를 상실해 버리고 공허한 무로 전락해 버리고 있다. 하이데거는 이러한 사태는 인간이 존재의 진리에 귀를 기울임으로써 모든 존재자에 고유한 존재와 무게가 다시 깃들게 함으로써 극복될 수 있다고 말하고 있다.

이렇게 니체와 하이데거는 니힐리즘의 본질을 서로 다르게 파악하고 있고 그것을 극복하는 길도 서로 다른 데서 찾고 있지만, 양자는 니힐리즘을 서양의 역사를 규정하는 근본운동Grundbewegung으로 보고 있다는 점에서 서로 일치한다고 할 수 있다. 근대나 현대를 니힐리즘이 지배하는 시대로서 진단한 사상가들은 많았다. 그러나 니체와 하이데거는 니힐리즘의 사건을 근대나 현대에서 돌발적으로 나타난 사건으로 보지 않고 그것의 기원을 서양 형이상학의 출발점에서 찾으면서 그것을 보다 근본적으로 극복하려 했다는 점에 특색을 갖는다. 두 사상가는 니힐리즘의 기원과 본질 그리고 그것의 극복 방안을 '역사적으로' 사유하고 있는 것이다.

이러한 유사성에도 불구하고, 아니 역설적이지만 바로 이러한 유사성 때문에 양자 간에는 극단적인 차이가 존재하게 된다. 하이데거는 니체가 전통 형이상학과 니힐리즘을 극복하려고 했음에도 불구하고 니체의 사상은 궁극적으로는 니힐리스틱한 형이상학적 전통에 의해 규정되고 있을 뿐 아니라 사실상은 전통 형이상학과 니힐리즘을 완성하고 있다고 보는 것이다.

니체가 옳든 하이데거가 옳든, 현대를 근저에서부터 규정하고 있는 니힐리즘과 대결하려는 사람은 이 두 사상가와 대결하지 않을 수 없다. 하이데거가 니체와의 대결을 통해서 니힐리즘을 극복할 수 있는 길을 모색했던 것처럼, 우리는 니체와 하이데거 양자와의 대결을 통해서 니힐리즘을 극복할 수 있는 길을 모색해야 하는 것이다. 그리고 양자와의 대결을 위해서 무엇보다도 필요한 것은 니체에 대한 하이데거의 대결을 파악하고 다시 그것과 대결하는 것일 것이다.

하이데거는 1936년부터 1940년까지 프라이부르크 대학에서 '예술로서의 권력에의 의지', '동일자의 영원회귀', '인식으로서의 권력에의 의지', '니체: 유럽의 니힐리즘' 등의 제목 아래 니체에 대해서 강의했다. 하이데거는 이러한 강의에서 니체의 사상을 단순히 해설하는 것을 넘어서 니체와 대결하고 있지만, 이러한 대결을 1943년에 어떤 작은 모임에서 행한 강연을 담은 글인 「"신은 죽었다"는 니체의 말」에서 최종적으로 결산하고 있다. 따라서 이 글이야말로 니체에 대한 하이데거의 대결을 파악하고 그것과 다시 대결하려는 사람들이 천착해야 할 글이라고 생각한다.

이 글은 짧지만 극히 압축적인 글로서, 니체와 하이데거 그리고 니체에 대한 하이데거의 대결에 대해서 상당한 선행 지식을 갖지 못한 사람들은 이해하기 어려운 글이다. 하이데거의 이 글이 갖는 중요성에도 불구하고 난해함으로 인해 이 글을 접근하기 어려워하는 독자들이 많을 것 같아서 이 해설을 준비하게 되었다. 앞에서 니힐리즘에 대해서 니체와 하이데거가 어떻게 파악하고 있고 어떤 방식으로 대결하고 있는지를 간략하게 소개했지만 이러한 소개도 독자들이 이해하기는 쉽지 않을 것이다. 그러나 본문에서 최대한 평이하게 해설하고 있으니 독자들이 끈기 있게 이 해설을 독파해 주기 바란다.

끝으로 인문학 출판계의 어려운 사정에도 불구하고 이 책의 출간을 선뜻 허락해 주신 세창출판사의 이방원 사장님과 책을 아름답게 만들어 주신 편집부에 깊이 감사드린다.

2016년 12월 11일
박 찬 국

| CONTENTS |

하이데거는 「"신은 죽었다"는 니체의 말」에서 니체의 핵심사상을 설명하고 있을 뿐 아니라 니체와의 대결을 수행하고 있다. 따라서 이 글은 내용 면에서 크게 두 부분으로 나뉜다. 그 하나는 하이데거가 니체의 핵심사상을 설명하는 부분이고, 다른 하나는 하이데거가 니체와의 본격적인 대결을 수행하는 부분이다. 이에 따라 우리의 해설도 크게 두 부분으로 나뉠 것이다. 하나는 니체의 핵심사상에 대한 하이데거의 파악을 소개하는 부분이고, 다른 하나는 니체 사상에 대한 하이데거의 대결을 소개하는 부분이다.

1장
니체의 핵심사상

하이데거는 이 글에서 니체 사상을 규정하는 근본 단어를 '니힐리즘', '가치전환', '힘에의 의지', '영원회귀사상', '초인'으로 보면서 각각에 대해서 분석하고 있다. 우리도 각 단어에 대한 하이데거의 분석을 순서대로 소개할 것이다.

1. 니힐리즘

1) 신의 죽음과 니힐리즘

니체는 자신의 철학적 과제를 니힐리즘의 극복이라고 보았다. 니체가 말하는 니힐리즘은 니체가 살던 19세기 이전의 수 세기를 지배해 왔고 그다음의 세기들도 규정할 역사적 운동을 의미한다. 니체는 "신은 죽었다"라는 짤막한 명제를 통해 이 운동의 본질적인 성격을 단적으로 규정했다.

"신은 죽었다"는 니체의 말은 누구나 한 번쯤은 들었을 정도로 유명한 말이다. 죽을 수밖에 없는 인간과 달리 신은 불사의 존재이기 때문에 '신이 죽었다'는 말은 극히 역설적인 말이다. 따라서 '신이 죽었다'는 말을 문자 그대로의 의미에서 해석하게 되면, 그 말은 도저히 이해할 수 없는 것이 된다. 따라서 '신이 죽었다'는 말은 상징적인 의미로 해석해야 한다. 하이데거 역시 "신은 죽었다"는 니체의 말을 니힐리즘의 본질적인 성격을 드러내는 상징적인 말로 보고 있다.

"신은 죽었다"는 말은 니체가 1882년에 출간한 『즐거운 학문』 제3권에서 처음으로 보인다. 그러나 '신의 죽음'이란 사태는 『즐거운 학문』을 쓰기 이전의 니체에게도 이미 친숙한 것이었다. 니체는 자신의 처녀작인 『비극의 탄생』을 완성할 당시에 이미 "'모든 신은 죽지 않으면 안 된다'라는 고대 게르만인들의 말을 나는 믿는다"라는 메모를 썼다. 그러면 니체가 "신은 죽었다"고 말할 때의 신은 어떤 존재를 가리키는가? 니체는 『즐거운 학문』 5장 「우리들이 쾌활한 이유」라는 절에서 이렇게 말하고 있다.

근래의 가장 큰 사건 ─신은 죽었다는 것과 그리스도교의 신은 믿을 만한 가치가 없어졌다는 것─ 은 이미 유럽 전역에 자신의 첫 그림자를 드리우기 시작하고 있다.[1]

이 인용문에 따르면 니체가 말하는 신은 그리스도교의 신이다. 따라서 신의 죽음이라는 사건은 그리스도교적인 신을 근대인들이 더 이상 믿을 만한 가치가 없는 것으로 여기게 되었고 이와 함께 그리스도교가 종언을 고하게 되었다는 것을 의미한다. 여기서 니체는 그리스도교만을 언급하고 있지만 사실은 그리스도교를 포함하여 서양 형이상학의 전체를 겨냥하고 있다. 따라서 여기서 그리스도교는 실

---

1 F. Nietzsche, *Fröhliche Wissenschaft*(즐거운 학문), Nietzsche Werke, Kritische Gesamtausgabe, VI-3, Berlin, 1973, 343절.

질적으로는 플라톤주의와 좁은 의미의 그리스도교 그리고 이 양자에 의해서 규정된 서양의 전통 형이상학 전체를 가리키며 이러한 전통 형이상학이 세계를 해석하는 방식을 가리킨다.

니체는 그리스도교와 서양의 전통 형이상학 전체는 그것들 이전에 나타난 플라톤주의에 의해서 규정되고 있다고 본다. 이러한 플라톤주의의 근본 특성을 하이데거는 이원론에서 찾고 있다. 플라톤주의는 세계를 영원불변하고 초감각적인 이데아들이 존재하는 참된 세계와 이러한 이데아들이 불완전하게 나타나면서 끊임없이 생성 소멸하는 현상 세계로 나누었다.

이데아는 우리가 감각적으로 지각하는 사물들의 완전한 원형이다. 예를 들어 수학에서 파악하는 원은 원의 이데아이며 원의 이데아란 완전한 원을 가리킨다. 수학에서 원은 한 점에서 동일한 거리에 존재하는 점들의 집합으로 정의된다. 그러나 우리가 감각적으로 지각하는 원들, 예를 들어 칠판에 그린 원들은 아무리 정확하게 그려도 원의 정의에 합당한 완전한 원이 되기 어렵다. 칠판에 그린 원들을 비롯하여 우리가 감각적으로 지각할 수 있는 원들은 아무리 정확하게 그려지더라도 원주 상의 점들이 중심점으로부터 떨어져 있는 거리에 서로 간 백만분의 일이라도 차이를 보이기 마련인 것이다. 이런 의미에서 수학에서 다루는 원은 원의 이데아로서 완전한 원이며 감각적으로 지각할 수 없는 것, 즉 초감각적인 것이다. 아울러 수학에서 다루는 원은 시간이 흘러도 변하지 않는 초시간적인 것인 반면에, 감각적으로 지각될 수 있는 원들은 굳이 우리가 지우지 않더라도 시간이 흐르면서 풍화작용에 의해 사라지게 된다.

플라톤주의는 우리가 지각하는 원들뿐 아니라 모든 감각적인 사물에는 그것에 대응하는 이데아들이 존재한다고 보았다. 감각적인 사물은 이러한 이데아들의 불완전한 반영이요 그림자에 불과하다. 따라서 플라톤주의는 이데아들이 거주하는 피안의 세계야말로 참된 실재라고 본 반면에, 우리가 거주하는 감각적 세계는 그러한 참된 실재가 불완전하게 나타난 현상계라고 보았다. 플라톤주의는 세계를 둘로 나누었을 뿐 아니라, 인간도 이데아를 직관할 수 있고 이데아를 지향하는 정신과 이데아에 대한 인식을 흐리고 이데아로부터 멀어지게 하는 육체 및 그것에 속해 있는 갖가지 욕망들로 나누었다. 그리고 이데아를 인식하는 정신은 선한 것인 반면에 육체와 그에 속하는 욕망들은 우리를 감각적인 것들에 사로잡히게 함으로써 이데아를 지향하지 못하도록 방해하는 악으로 보았다.

이렇게 세계를 둘로 나누는 플라톤주의는 세계를 영원한 지복이 지배하는 피안과 고통과 슬픔이 지배하는 차안으로 나누는 그리스도교적인 이원론과 자연스럽게 결합될 수 있었다. 또한 그리스도교는 플라톤주의와 마찬가지로 인간을 영혼과 육신으로 이루어진 것으로 보면서 영혼은 선한 것으로 본 반면에 육체 및 그에 속해 있는 갖가지 욕망을 악한 것으로 보면서 이러한 욕망을 억압하고 근절할 것을 요구했다.

니체는 그리스도교를 민중을 위한 플라톤주의라고 부르고 있다. 플라톤주의가 형이상학적으로 파악하고 있는 것을 그리스도교는 민중들이 이해하기 쉬운 신화적 용어로 표현하고 있다는 것이다. 예를 들어 플라톤주의가 이데아들 중 최고의 이데아인 선의 이데아로서 추상적으로 파악하고 있는 것을 그리스도교는 민중들이 쉽게 이해할 수 있는 인격적인 창조신으로 제시하고 있다는 것이다.

니체는 플라톤주의의 대두와 함께 서양의 형이상학이 시작되며 이러한 형이상학이 그리스도교를 수용하면서 플라톤주의와 그리스도교가 서양의 형이상학 전체를 규정하게 된다고 본다. 이 경우 형이상학은 윤리학이나 정치철학과 같은 철학의 다양한 분과들 중의 하나를 가리키지 않고 세계에 대한 특정한 파악방식을 가리킨다. 형이상학은 세계를 영원하고 참된 초감각적인 피안의 세계와 덧없고 거짓된 감각적인 차안의 세계로 나눈다. 근대에 들어와 이러한 초감각적인 세계는 부정되지만 초감각적인 세계 대신에 모든 고통과 불행이 사라진 미래의 유토피아가 들어서게 된다. 이러한 미래의 유토피아는 공리주의자들에 의해서는 '최대 다수의 최대의 행복'이 보장된 사회로 묘사되고, 마르크스주의자들에 의해서는 '모든 사람이 능력에 따라서 일하고 필요에 따라서 분배받는 공산주의 사회'로 묘사된다.

근대는 이른바 진보의 형이상학이 지배하는 시대로서 이러한 형이상학은 고통과 슬픔에 가득 찬 과거와 현재의 세계에 대해서 미래의 유토피아를 내세운다. 플라톤주의와 그리스도교가 말하는 피안의 초감각적 세계를 미래의 유토피아가 대체하고 있는 것이다. 이러한 미래의 유토피아도 우리가 경험하지 못한 영역이라는 점에서 일종의 초감각적인 세계라고 보아야 할 것이다. 이 점에서 근대철학 역시 초감각적 세계가 감각적 세계에 대해서 우선권을 갖는 형이상학적 사고방식에서 벗어나지 못하고 있다. 따라서 니체는 마르크스와 같은 근대의 무신론자들은 신의 존재를 부인하지만 아직 플라톤주의적이고 그리스도교적인 사고방식에서 벗어나지 못했다고 보았다.

플라톤주의에서는 인간이 이데아를 본받아야 한다고 주장하며, 그리스도교에서는 신에 복종해야 한다고 주장한다. 이에 반해 근대철학은 인간은 자신에게 원래 존재하는 이성의 빛이나 칸트가 주장하는 것처럼 우리의 양심에 존재하는 도덕법칙에 따라야 한다고 주장한다. 그러나 니체가 보기에는 이성의 빛이나 양심의 도덕법칙은 그리스도교에서 말하는 신적인 정신이나 신의 계율의 세속화된 형태에 불과하다.

이런 맥락에서 하이데거는 니체가 염두에 두고 있는 형이상학을 이렇게 규정하고 있다.

물론 여기에서도 우리는 형이상학이라는 이름으로 철학의 어떤 특수 분과만을 의미하지 않고 존재자 전체의 근본 구조를 생각한다. 존재자 전체는 감각적 세계와 초감각적 세계로 나뉘고 전자는 후자에 의하여 정초되고 규정된다. 형이상학은 초감각적 세계, 이념, 신, 도덕률, 이성의 권위, 진보, 최대 다수의 행복, 문화, 문명이 역사를 건립하는 힘을 잃고 무력하게 된다는 사실이 숙명적으로 드러나게 되는 역사 공간이다.[2]

이와 같이 "신은 죽었다"는 니체의 말은 단순히 그리스도교가 몰락하고 그리스도교의 신을 근대인들이 더 이상 믿지 않게 되었다는 것을 의미하지 않는다. 그것은 서양의 형이상학 전체를 지배해 온 이원론적인 사고방식이 설득력을

---

2 마르틴 하이데거, 『숲길』, 신상희 옮김, 나남, 2008, 327쪽(번역을 약간 수정함).

상실하고 역사를 규정할 수 있는 힘을 상실하게 되었다는 것을 의미한다. 다시 말해서 신의 죽음이 의미하는 것은 플라톤의 이데아나 그리스도교의 신을 비롯하여 감각적인 지상의 세계에 대해서 척도를 부여하던 모든 초감각적인 것이 인간의 삶과 역사를 지배하는 힘을 상실하게 되었다는 것이다.

신의 죽음이란 단적으로 말해서 형이상학과 그것이 정당화하던 초감각적 세계가 힘을 상실하게 되는 사건이다. 그런데 이러한 초감각적인 것은 사람들에게 그동안 삶의 의미와 방향을 제시해 왔던 것이다. 따라서 초감각적인 세계가 사람들에게 설득력을 상실하고 무력하게 되는 사건은 한편으로는 사람들이 초감각적인 세계에 의해서 지배되던 상태에서 벗어나는 사건이기도 하지만 다른 한편으로는 삶의 의미와 방향을 상실하게 되는 사건이기도 하다. 이렇게 그동안 삶에 의미와 방향을 제시하던 것이 무력하게 되면서 삶의 의미와 방향이 사라지게 되는 상태가 바로 니힐리즘Nihilism이다.

그런데 삶의 의미와 목표가 결여되어 있는 상태야말로

우리 인간이 가장 견디기 힘든 것이다. 인간은 어떠한 고통이라도 그 고통을 겪는 것이 의미가 있는 것이라면 얼마든지 짊어질 수 있기 때문이다. 이런 의미에서 니체는 니힐리즘을 가장 섬뜩한 손님이라고 부르고 있다. 신의 죽음과 함께 니힐리즘이라는 가장 섬뜩한 손님이 근대인들의 문 앞에 서성이고 있다는 것이다.

이러한 니힐리즘은 초감각적 세계가 붕괴하면서 사람들이 삶의 의미와 방향을 상실하게 되는 서양 역사의 근본 과정Grundvorgang이자 서양의 역사를 규정하는 법칙이자 내적인 논리다. 니힐리즘은 한 시대의 유행어가 아니며 그리스도교 신앙을 가진 사람들도 니힐리즘을 벗어나 있는 것은 아니다. 또한 니힐리즘은 어떤 특정한 사상가에 의해 주장된 견해나 학설이 아니다. 니힐리즘은 서양 역사의 근본 운동으로서 근대의 모든 민족을 규정하는 세계사적 운동인 것이다.

니체 당시에 그리스도교를 믿었던 사람들은 니힐리즘을 그리스도교 신앙을 부정하는 무신론에서 비롯되는 것으로 보았다. 그러나 이런 사람들은 니힐리즘을 피상적으로 이

해하고 있는 것이다. "신은 죽었다"는 니체의 말은 플라톤
주의와 그리스도교가 지향하는 피안 대신 미래의 유토피아
를 지향하는 근대의 계몽주의자들의 무신론과는 아무런 관
계가 없다. 이들 무신론자들은 니힐리즘을 자신들이 직면
해 있는 역사적 운명으로 받아들이지 않았다. 이들은 그리
스도교의 신을 믿지는 않았지만 그리스도교 신의 잔재에
지나지 않는 양심의 명령이나 피안을 대신하는 유토피아가
아직 우리에게 삶의 의미와 방향을 제시해 줄 수 있다고 본
다. 따라서 이들은 근대인이 처한 역사적 상황을 제대로 파
악하지 못하고 있다. 니체가 염두에 두고 있는 니힐리즘은
초감각적 세계, 이데아, 신, 도덕법칙, 이성의 권위, 최대 다
수의 행복과 같은 모든 종류의 초감각적인 이념들이 무력
하게 되는 역사 공간인 것이다.

　따라서 니힐리즘의 지배에서 벗어나 있다고 생각하는 나
라들에서 사실은 니힐리즘이 가장 강력하게 지배하고 있
을 수 있다. 예를 들어 나치 당시의 독일이나 마르크스주의
가 지배하던 공산주의 사회에서 사람들은 자신들이 실현해
야 할 확고한 삶의 방향이나 의미가 존재한다고 믿었었다.

그러나 이들은 이러한 확고한 삶의 방향이나 의미를 미래에 실현될 이상사회에 둔다는 점에서 근대의 여러 이념들과 마찬가지로 플라톤주의적인 이원론에 사로잡혀 있다고 할 수 있다. 니체는 이러한 이원론적인 사고방식이 실질적으로는 이미 그 설득력을 상실하고 있다는 점에서 니힐리즘에서 벗어나 있다고 믿는 나라들에서 사실은 가장 강하게 니힐리즘이 지배할 수 있다고 보았던 것이다.

2) 신의 살해

니힐리즘의 출현과 관련하여 하이데거는 니체의 『즐거운 학문』 125절을 길게 인용하고 있다. 이 절에는 '광인狂人'이란 제목이 붙어 있다.

광인: 밝은 오전에 등불을 켜 들고 광장에 달려 나와 "나는 신을 찾는다! 나는 신을 찾는다!"라고 끊임없이 외치던 저 광인에 대해서 그대들은 들은 적이 없는가? 마침 광장에는 신을 믿지 않는 많은 사람들이 한데 모여 있어 그는 큰 웃음거리가 되었다. "신이 없어졌나 보지?"라고 어떤 사람은 말했

고, "신이 어린아이처럼 길을 잃었나 보지?"라고 다른 사람은 말했다. "아니면 신이 숨어 있나 보지?" "신이 우리를 두려워하나 보지?" "신이 항해를 떠났나?" "아니면 신이 이민을 갔나?"라고 그들은 떠들썩하게 소리치며 비웃었다. 광인은 그들 한가운데로 뛰어 들어가 그들을 꿰뚫는 듯한 시선으로 노려보았다. "신이 어디로 갔느냐고?" 그는 소리쳤다. "내가 그대들에게 말해 주마! 우리가 신을 죽였다! 너희들과 내가 말이다. 우리 모두가 그의 살해자다! 하지만 우리가 어떻게 그렇게 엄청난 일을 했을까? … 이 지구를 태양의 사슬로부터 풀어 놓았을 때 우리는 무슨 일을 저질렀는가? 지구는 이제 어디로 움직이고 있는가? 우리는 어디로 가고 있는가? 모든 태양으로부터 멀어져 가고 있는 것은 아닌지? 계속 추락하고 있는 것은 아닌지? 뒤로, 옆으로, 앞으로, 모든 방향으로 말이다. 아직도 위와 아래가 존재하는가? 우리는 무한한 무를 통과하는 것처럼 방황하고 있는 것은 아닌가? 텅 빈 공간의 숨결이 우리를 감싸고 있는 것은 아닌가? 더 추워지지 않았는가? 더욱더 칠흑 같은 밤이 계속되지 않을까? 밝은 오전에도 등불을 밝혀야 하지 않을까? 신을 파묻은 자들의 소란에 대해서 우리는 아직도 아무것도 듣지 못하고 있는가? 우리는 아직도 신의 시체가 부패해 가는 냄새를 전혀 맡지 못하고 있는가?" … 여기서 광인은 입을 다물고 청중들을 둘러보았다. 그들 역시 입을 다물고 놀란 눈으로 그를 바라보았다. 마침내 그는 자신의 등불을 땅에 내동댕이쳤다. 등불은 산산이 조각나고 불은 꺼져 버렸다. "나는 너무 일찍 왔다." 그는 계속 말했다. "나의 때는 아직 오직 않았다. 이 엄청난 사건은 아직 도상途上에 있고 배회 중에 있다. 그것은 아직 인간의 귀에까지 도달하지 못했다. 번개와 천둥도 시간이 필요하다. 별빛도 시간이 있어야 한다. 행위들도 비록 이미 행해진 것이라도 보이게 되고 들리기 위해서는 시간이 있어야 한다. 이 행위는 인간들에게는 아직도 가장 멀리 있는 별보다도 더욱 멀리 있다. 그런데 바로 그들 자신이 그것을 행한 것이다."

소문에 의하면 그 광인은 그날 여러 곳의 교회에 뛰어들어 자신이 작곡한 '신의 영원 진혼곡Requiem aeternam deo'을 불렀다고 한다. 밖으로 끌려나와 심문을 받았을 때 그는 오직 다음과 같은 말만 계속했다고 한다. "만일 신의 무덤과 묘비가 아니라면 이 교회들은 도대체 무엇이란 말인가?"[3]

광인이 밝은 대낮에 등불을 켜 들고 거리로 뛰쳐나와 "나는 신을 찾는다!"라고 부르짖고 있다. 광인이 이렇게 대낮에 등불을 켜 들고 신을 찾는 모습은 대낮에 등불을 들고 "나는 인간을 찾는다"며 외치고 다녔던 디오게네스를 연상시킨다. 디오게네스는 플라톤과는 달리 소크라테스 사상의 진면목을 소크라테스의 소박한 삶에서 찾았던 철학자다. 디오게네스는 아무것도 소유하려고 하지 않았고 쾌락을 좇지도 않았으며 거친 음식에 만족했던 소크라테스의 삶 자체야말로 우리가 계승해야 할 진정한 사상이라고 보았던 것이다. 그러나 당시의 인간들은 디오게네스가 보기에는 끝없는 욕망의 노예가 되어 그러한 욕망을 충족시키기 위해 다른 사람들을 착취하고 이웃나라를 정복하는 데 몰두하고 있었다. 디오게네스가 보기에는 알렉산더 대왕이 바로 그러한 인간들 중의 하나였다. 따라서 알렉산더 대

---

3 F. Nietzsche, *Fröhliche Wissenschaft*, 125절.

왕이 통에서 살고 있던 디오게네스를 찾아 왔을 때 디오게네스는 거들떠보지도 않으면서 "태양이나 가리지 말고 사라지라"고 말했던 것이다. 디오게네스는 알렉산더 대왕을 비롯한 당시의 인간들을 짐승보다 못하다고 보았으며, 참된 인간은 대낮에도 등불을 들고 찾아다녀야 할 정도로 드물다고 보았던 것이다.

디오게네스가 참된 인간을 찾아 등불을 들고 다녔던 반면에, 광인은 신을 찾기 위해서 등불을 들고 다닌다. 광인은 왜 신을 찾는가? 신이야말로 우리에게 삶의 의미와 방향을 부여하는 존재인데 그러한 존재가 사라지고 말았기 때문이다. 그러나 인용문 전체를 보면 광인은 신이 왜 사라졌는지 그리고 우리는 어떤 신을 찾아야 하는지를 이미 알고 있다고 할 수 있다. 따라서 광인이 대낮에 등불을 들고 "나는 신을 찾는다"고 외친 것은 기존의 신이 죽어 버린 상황에서 우리가 어떤 신을 찾아야 하는지를 깨닫게 하기 위한 것이라고 할 수 있다. 하이데거는 니체에 대한 강의록들과 논문들을 모은 『니체 I』에 실려 있는 「예술로서의 힘에의 의지」의 모토로 "거의 2000년 동안 새로운 신이 하나도 없었다니!"라는 니체의 말을 인용하고 있다.

앞에서 인용한 것처럼 니체는 자신의 처녀작인 『비극의 탄생』을 완성할 당시의 한 메모에서 이미 "모든 신은 죽지 않으면 안 된다'라는 고대 게르만인들의 말을 나는 믿는다"라고 쓰고 있다. 이 경우 신이란 인간에게 삶의 의미와 방향을 부여하는 존재이고 이러한 존재가 어떠한 성격을 갖는지는 각 시대의 인간 정신이 어떠한 상태로 있는가에 따라서 달라진다고 본다. 인간이 지상의 삶을 두려워하고 혐오할 때 섬기게 되는 신은 플라톤주의나 그리스도교의 이원론적인 신에서 보는 것처럼 피안에 거주하는 순수정신의 신이 되기 십상이다. 이러한 신은 인간이 가지고 있는 성욕이나 정복욕 등을 모두 악으로 간주한다. 그러한 신은 이러한 모든 욕망에서 벗어나 있는 신이다. 이에 반해 고대 그리스인들처럼 지상의 삶을 긍정할 때 신들도 지상의 인간들과 동일한 욕망을 갖는 것으로 간주되며 이와 함께 인간의 욕망은 신적인 것으로 인정받게 된다. 예를 들어 그리스 신화에서 최고의 신인 제우스는 성욕을 주체 못하는 바람둥이로 나타나고 있는 것이다. 니체는 플라톤주의와 그리스도교의 신이 사멸한 당시의 상황이 바로 새로운 신을 창조할 수 있는 절호의 기회라고 보았다. 나중에 보겠지만 그 신을 니체는 초인에게서 찾게 된다.

그러나 광인이 대낮에 등불을 들고 "신을 찾는다"고 외치며 돌아다니는 모습을 보면서 신을 믿지 않는 사람들은 '신이 없어지기라도 했다는 말인가' '신이 우리를 무서워하며 숨바꼭질이라도 하는가'라고 비웃는다. 신을 믿지 않는 이 자들은 그리스도교의 신 대신에 양심이나 이성의 권위를 믿으며 그리스도교의 피안 대신에 미래의 유토피아를 믿는 자들이라고 할 수 있다. 이들은 플라톤주의와 그리스도교가 무너진 상황에서 생기는 의미공백과 가치공백을 그리스도교적인 사유의 변형된 형태를 통해서 극복할 수 있다고 믿는다. 광인이 보기에 이들은 아직 근대인들이 처한 역사적 상황을 제대로 파악하지 못하는 자들이다. 이들은 삶의 의미와 방향이 이미 분명히 주어져 있다고 믿기에 광인이 '나는 신을 찾는다'고 외칠 때 그를 비웃는 것이다.

광인은 이들을 노려보며 "우리가 그를 죽였다. 우리 모두가 신의 살해자다"라고 말하고 있다. 이와 함께 광인은 신의 죽음 이후에 우리가 직면하게 된 상태를 섬뜩하게 묘사하고 있다. 신이 죽은 상황에서 이제 남는 것은 무수한 노고와 고통에도 불구하고 언젠가는 사멸하게 될 허망하기 그지없는 적나라한 삶뿐이다. 이러한 상황에서 사람들은 우리가 왜 살아야 하는가를 묻게 된다. 그러나 그 어디에도 대답은 없다.

위의 글에서 신은 태양에 비유되고 있고, 신의 죽음으로 인해 야기된 상황은 지구가 태양을 도는 궤도에서 이탈하여 태양이 사라진 상황에 비유되고 있다. 사물의 윤곽을 밝혀 주던 태양의 빛이 더 이상 존재하지 않기에 이제 지구는 칠흑 같은 어둠 속에서 헤맬 수밖에 없다. 위와 아래도 존재하지 않으며 지구는 무한한 무를 통과하는 것처럼 방황하게 된다. 또한 지구는 태양의 온기를 더 이상 받지 못하기 때문에 갈수록 추워지고 만물은 더 이상 생장하지 못한다. 따라서 광인은 이제 밝은 오전에도, 아니 심지어 대낮에도 등불을 밝혀야지 않느냐고 묻는다. 신의 죽음이란 사태는 바로 이와 같은 비극적인 의미를 갖는다. 그것은 지금까지 인간의 삶에 방향과 살아갈 힘을 부여했던 것의 사멸을 의미한다. 이러한 비극적인 상황에 임하여 인간은 어떻게 자신을 위로할 것인가를 광인은 묻고 있다.

그런데 역설적이게도 광인은 인간이 보다 고귀한 역사를 건립하기 위해서는 신을 살해하지 않으면 안 되었다고 말하고 있다. 신의 살해가 이렇게 보다 고귀한 역사를 형성하기 위한 사건이 되기 위해서는 인간 자신이 신이 되어야 하며, 신 대신에 인간 자신이 모든 의미와 척도를 부여하는 자가 되어야 한다는 것이다.

광인은 사람들이 자신을 이해하지 못하는 것을 보면서 자신이 너무 일찍 왔다는 사실을 깨닫게 된다. 사람들은 자신들이 어떤 상황에 처해 있는지를 깨닫지 못하고 있다. 사람들은 신의 죽음에서 빚어진 암흑 속에 존재하는데도 자신들이 여전히 밝음 속에 존재한다고 생각한다. 사람들은 자신들이 사실은 신의 지배를 거부하고 신을 살해했음에도 여전히 자신들이 신을 믿고 있다고 생각한다. 광인은 그리스도교의 신을 비롯한 모든 종류의 초감각적인 존재는 근대에 들어와 실질적으로 설득력을 상실하면서 사람들의 삶에 의미와 방향을 제시할 수 있는 힘도 상실했다는 점에서 인간들이 신을 살해했다고 보는 것이다. 따라서 광인이 보기에 사람들이 아직도 여전히 신을 섬기기 위해서 드나드는 교회란, 사실은 신의 무덤과 묘비에 지나지 않는다. 광인은 신이 죽었다는 사실과 그것이 갖는 의미를 통찰하지 못하는 사람들에게만 미친 자로 나타날 뿐 사실은 이 시대의 본질을 가장 잘 꿰뚫어 보고 있는 현자賢者다. 사람들이 광인을 이해하지 못하고 미친 자로 취급하는 것은 광인이 지금까지의 인간을 넘어서 있는 인간이기 때문이다.

니체는 그리스도교와 전통 형이상학이 붕괴되고 삶의 의미와 방향이 사라져 버린 상태로서의 니힐리즘을 중간상태로서의 니힐리즘이라고 부르고 있다. 중간상태로서의 니힐리즘은 허구적이고 초감각적인 세계를 참된 실재로 생각하는 그리스도교와 전통 형이상학의 허구성이 드러나면서 우리가 처하게 되는 가치상실과 의미상실의 상태라고 볼 수 있다. 이러한 상태를 중간상태라고 부르는 것은 니체가 이러한 가치상실과 의미상실 상태를 궁극적인 상태로 보는 것이 아니라 완성된 니힐리즘 내지 고전적 니힐리즘을 통해서 극복해야 할 상태로 보기 때문이다. 완성된 니힐리즘 내지 고전적 니힐리즘에 대해서는 나중에 살펴볼 것이다.

위의 인용문에서 광인은 이러한 중간상태를 인간 자신이 신이 되기 위해서 스스로 초래한 것으로 보고 있다. 인간 자신이 신이 된다는 것은 신이 아니라 인간 자신이 모든 의미와 척도를 부여하는 자가 되는 것이라고 할 수 있다. 인간이 이러한 자로 성숙하고 성장하기 위해서는 허구적이고 초감각적인 존재에 의존하는 상태에서 벗어나야 한다. 그리고 이렇게 허구적이고 초감각적인 존재에서 벗어나기 위해서 인간은 그러한 초감각적인 존재의 허구성을 깨닫고 그것을 과감히 떨쳐 버려야 한다.

이렇게 초감각적인 존재를 거부하는 것을 니체는 신의 살해라고 부르고 있다. 이런 의미에서 광인은 '신이 죽었다'고 말하는 것을 넘어서 우리가 '신을 죽였다'고 말하고 있다. 인간은 독립적이고 강한 인간이 되기 위해서 무엇보다도 먼저 허구적인 신에 대한 의존상태에서 벗어나지 않으면 안 된다. 신의 살해는 인간이 신에 대한 의존과 종속상태에서 벗어나 독립적으로 서기 위해서 내딛는 첫걸음이기에 지금까지 인간이 행한 모든 행위 중에서 가장 위대한 행위다.

3) 니체, 프로이트, 포이어바흐

'우리가 신을 살해했다'는 니체의 말과 관련하여 우리는 프로이트와 포이어바흐의 종교비판을 연상하지 않을 수 없다. 프로이트는 인격신을 믿는 그리스도교란 부모에 대한 소아적 의존상태를 성인이 되어서도 반복하는 것에 지나지 않는 것으로 보았다. 우리는 어렸을 때 자신의 소원을 들어주는 부모를 전지전능한 존재로 생각한다. 부모에게 떼를 쓰면 부모는 우리가 원하는 장난감을 사 주었다. 그러나 어느 정도 철이 들면 부모가 그렇게 전능한 존재가 아니고 우리 자신과 마찬가지로 연약한 존재라는 사실을 깨닫게 된다. 이에 따라 우리는 이른바 전능한 존재로서의 신을 꾸며내어 신에게 의지하게 된다. 어렸을 때 부모를 열심히 졸라대면 부모가 우리가 원하는 것을 사 주었던 것처럼, 이제 우리는 신에게 열심히 간구하면 신이 우리의 소원을 들어줄 것이라고 생각하게 된다. 프로이트는 그리스도교에서 신에 대한 기도라고 부르는 것이 실은 우리가 어릴 때 부모를 열심히 졸라 대던 것의 연장이라고 본다.

따라서 소아기의 실제적인 부모를 이제는 허구적인 신이

대신하고 있다는 점이 다를 뿐 부모에 의존하는 소아의 태도와 신에게 귀의하는 성인의 태도 사이에는 근본적인 차이는 없다는 것이다. 프로이트에서 인간이 완전한 성인이 되기 위해서는 이러한 종교적인 의존상태에서 벗어나지 않으면 안 되는 것처럼, 니체에서도 인간이 자립적이고 강한 존재가 되기 위해서는 '신의 살해'가 선행되어야만 한다.

원래 독실한 그리스도교 신자였던 니체는 김나지움 학생 시절에 이미 그리스도교를 비판하는 포이어바흐의 유명한 책 『그리스도의 본질』 등과 같은 책을 읽고 그리스도교에 대한 신앙을 잃어버리게 된다. 니체는 이렇게 말한 적이 있다.

우리가 실재하는 사물과 공상의 사물에 대여했던 모든 아름다움과 고상함을 나는 인간의 소유와 산물로서, 즉 인간에 대한 가장 아름다운 변명으로서 반환을 요구한다. 시인, 사상가, 신, 사랑 그리고 권력으로서의 인간 ― 오, 왕과 같은 관대함으로 사물들을 풍요롭게 하고 자신은 빈곤하게 되고 비참하게 느끼게 된 인간. 그가 경탄하고 기도하면서, 그 자신이야말로 그가 경탄하는 바로 그것을 창조한 자라는 사실을 자신에게 숨길 줄 알았던 것은 그에게 사심이 전혀 없었기 때문이다.[4]

니체가 이 구절을 썼다는 사실을 미리 알지 못했다면 사람들은 아마도 이 구절을 포이어바흐가 썼다고 생각할 수 있을 정도로 이 구절에서는 포이어바흐 사상의 냄새가 강하게 풍기고 있다. 이 구절에서 우리는 니체가 포이어바흐 사상의 영향을 크게 받았다는 사실을 감지할 수 있다.

전통적인 그리스도교에서 인간은 신의 피조물에 불과했던 반면에, 포이어바흐에서 인간은 신이란 무한한 관념의 창시자이며 이러한 무한한 관념의 창시자로서 본질적으로 무한한 존재다. 포이어바흐에게 신은 한갓 인간의 상상에서 비롯된 것에 지나지 않으며, 존재하는 것은 구체적인 인간과 자연뿐이다. 포이어바흐는 인간을 데카르트 이래의 근대철학에서처럼 자연과 감성으로부터 분리된 추상적

---

4 F. Nietzsche, *Der Wille zur Macht*(힘에의 의지), Stuttgart, 1952, 제2권의 서문.

인 이성으로 보지 않고 이성 이외에 감정과 의지를 갖는 철저하게 감성적인 존재로 보았다. 동시에 이러한 인간은 사회로부터 고립된 개인이 아니고 항상 사회 안에 존재하면서 다른 인간들의 도움을 필요로 하는 인간이다. 무엇보다 구체적인 인간은 보편적인 인류의 하나로서 이러한 인류의 본질을 실현하는 데 기여하는 존재이고, 이러한 인류 전체의 유산에 의지하면서도 이러한 유산의 축적에 기여하는 존재다.

포이어바흐는 신이라는 무한하고 절대적인 존재에 대한 표상은 사실은 인류가 갖는 무한하고 잠재적인 능력에 대한 표상일 뿐이라고 본다. 성서가 주장하듯 신이 인간을 자신의 상에 따라서 창조한 것이 아니라, 인간이 신을 자신의 상에 따라서 창조했다는 것이다. 구체적으로 말해서 정신 자체로서의 신이란 사실은 인간 지성의 투사물일 뿐이다. 도덕적으로 완전한 존재로서의 신이란 인간의 본질적인 도덕성과 양심이 투사된 것일 뿐이다. 사랑으로서의 신이란 인간의 자애로운 심정Herz의 투사물일 뿐이다. 신 자체가 사랑이 아니라, 피와 육체를 갖는 인간의 사랑이 신적인 것이다. 신이 인간을 위해서 스스로 고통을 겪는다는 신의 수난das Leiden des Gottes이란 사태는 다른 인간의 고통에 대해서 우리가 함께 느끼는 아픔의 투사일 뿐이다. 신이 인간에 대해서 갖는 사랑이란, 사실은 인간이 서로에 대해서 갖는 사랑의 투사다. 성부와 성자 그리고 성령이라는 삼위가 일체가 되어 있다는 삼위일체의 신비도 사실은 인간의 공동체적 삶의 투사일 뿐이다. 삼위일체라는 관념에는 나와 너 그리고 서로의 정신적인 하나 됨이 반영되어 있다.

신이 인류가 갖는 무한한 능력의 투사물에 지나지 않을 경우, 신에 대한 인식은 사실 인류의 자기인식일 뿐이다. 신이란 인간에게서 독립하여 초월적인 존재로서 간주되는 인류의 본질이다. 따라서 신이 인간에게 갖는 힘은 사실 인류의 참된 본질이 인간에게 갖는 힘일 뿐이다. 그리스도교에서는 인간의 자기인식이 소외된 형태로 일어나고 있다. 예를 들어 그리스도교는 신을 전지전능한 존재로서 인식하지만 이러한 인식은 사실 인간이 신에게 투사한 자신의 무한한 능력에 대한 인식일 뿐이다. 다만 이 경우 인간은 그러한 능력이 자신이 아니라 신에게 속한다고 착각하고 있을 뿐이다. 이런 의미에서 그리스도교에서 신에 대한 인식은 인간 자신에 대한 소외된 인식이다.

종교란 그것의 본질에 있어서는 어떤 초월적인 신에 대한 숭배가 아니라 사실은 인간의 자기숭배일 뿐이다. 종교에는 진리와 허위가 기묘하게 혼합되어 있다. 종교에는 인간의 진정한 본질이 투사되어 있다. 인간의 진정한 본질이 허위가 아닌 이상 종교에는 인간에 대한 진리가 표현되어 있지만 그것은 왜곡된 형태로 표현되어 있다. 인간의 본질에 해당하는 것이 신이라는 다른 존재에 속하는 것으로서 표현되고 있으며, 이와 함께 인간이 종교적인 인간이 되면 될수록, 다시 말해 신을 경배하면 할수록 인간은 자신의 본질에서 소외된다.

인간은 신에게 자신의 위대한 본질적 잠재력을 귀속시키면서 그 대신에 자신을 보잘것없는 존재로 생각하게 된다. 자신을 지혜로운 존재가 아니라 어리석은 존재로 생각하며, 선한 존재가 아니라 죄로 가득 찬 존재로 생각하고, 불요불굴의 강한 존재가 아니라 신에 의지할 수밖에 없는 연약한 존재로 생각한다. 신이 풍요로운 존재가 될수록 인간은 빈곤한 존재가 된다. 그리고 이러한 신과 인간을 매개한다고 자처하는 자들이 성직자들이다. 인간들은 성직자들을 신의 뜻을 전하는 자로 보면서 이들에게 기꺼이 복종한다. 그러나 성직자란 사실 기만적인 환상을 유포하는 자들일 뿐이다.

포이어바흐는 자신의 이러한 인간중심적인 무신론을 그의 주저인 『그리스도교의 본질』에서 철저하게 전개하고 있다. 거기서 그는 신학의 비밀은 인간학이며, 철학의 과제는 신학을 인간학으로 변화시키는 것으로 보고 있다.

그러면 인간이 자신을 이렇게 비하하면서까지 신이란 하나의 환상을 만들어 내는 이유는 무엇인가? 포이어바흐는 신이란 환상적인 관념의 기원을, 전지전능하고 자비로운 신에게 의지함으로써 자신이 직면하는 현실적인 문제들을 해결하려고 하는 인간의 심리적인 욕구에서 찾고 있다. 다시 말해 인간은 자신의 잠재적인 능력을 힘겹게 개발함으로써 자신이 부딪히는 현실의 문제들을 해결하려고 하기보다는 환상적인 관념에 의거함으로써 쉽게 해결하려 한다는 것이다.

그러나 신에 의지하는 것은 포이어바흐에 따르면 진정한 해결책이 될 수는 없다. 신이란 인간의 심리적인 투사물로서 환상에 지나지 않으며, 따라서 존재하지 않기 때문이다. 인간은 이제 신에게 투사했던 자신의 위대한 잠재적 능력, 다시 말해 자신의 지성적 능력과 윤리적 능력을 자신에게로 환수해야만 한다. 그리고 자신의 지성적 능력을 통해서 과학과 기술을 발전시킴으로써 자연을 인간에게 유리하게 작동하도록 통제하고, 자신의 윤리적 능력을 통해서 정의롭고 사랑이 넘치는 사회를 구현해야만 한다.

이를 위해서는 무엇보다 인간의 관념이 철저하게 바뀌지 않으면 안 된다. 인간은 이제 자신의 무한하고 신적인 본질을 자각하지 않으면 안 된다. 우리가 신은 지혜롭고 한없이 선하고 사랑에 가득 찬 존재라고 말할 때 종교에서 술어에 지나지 않았던 것인 지혜, 선함, 사랑 등이 이제 다시 주어가 되지 않으면 안 된다. 그리고 신이 술어가 되지 않으면 안 된다. 신이 지혜, 선, 사랑 자체가 아니라, 인간의 본질적인 지혜, 선함, 그리고 사랑의 능력이 신적인 것이다. 따라서 인간을 절대적이고 신적인 존재로 보는 휴머니즘이 사실은 종교의 비밀이다. 철학은 이제 철학적 신학이 아니라 철학적 인간학이 되어야 하며 진정한 무신론적 종교가 되지 않으면 안 된다. 이제 신에 대한 사랑 대신에 인간들 서로에 대한 사랑이, 신에 대한 믿음 대신에 자기 자신에 대한 인간의 믿음이 들어서지 않으면 안 된다.

우리는 포이어바흐의 이러한 사상에서 전통 형이상학과 그리스도교에 대한 니체식의 비판이 이미 선구적으로 행해지고 있음을 본다. 앞에서 인용한 구절에서 보듯이 니체는 포이어바흐와 마찬가지로 신이란 관념을 인간의 본질적 능력이 투사된 것으로 보고 있으며 이제 인간은 신에게 투사한 자신의 본질적인 능력을 다시 환수하지 않으면 안 된다고 보고 있다. 또한 니체는 포이어바흐와 함께 사람들을 허구적인 존재인 신과 이데아와 같은 형이상학적인 관념에 대한 의존상태에서 깨어나게 함으로써 사람들이 자립적이고 성숙한 존재가 되게 하는 것을 목표하고 있다.

이런 맥락에서 우리는 니체가 전통 형이상학과 종교의 질곡으로부터 벗어나 인간이 자신의 잠재적 능력을 자유롭게 전개하려는 근대적인 경향을 철저하게 추구하는 것이라고 볼 수 있다. 그렇다고 해서 이는 니체와 포이어바흐의 사상이 서로 전적으로 동일하다는 것은 아니다. 니체가 보기에 포이어바흐는 아직 그리스도교적인 사상 틀을 벗어나지 못하였다.

니체에 따르면 포이어바흐는 인간들 간의 사랑과 동정을 강조함으로써 그리스도교적인 약자의 도덕관을 여전히 계승하고 있다. 포이어바흐는 인간의 구원을 과학기술의 발전을 통하여 자연에 대한 통제와 사랑이 가득 찬 이상사회의 건설에서 찾고 있지만, 이러한 이상사회란 사실은 그리스도교에서 말하는 천국의 세속적인 형태에 불과하다. 그리스도교에서 말하는 천국이 모든 고통과 아픔이 사라진 상태인 것처럼 포이어바흐가 말하는 이상사회도 또한 모든 고통과 아픔이 사라진 상태다. 니체는 이렇게 모든 고통과 아픔이 사라진 상태에 대한 희구는 고통과 고난을 부정적인 것으로 보면서 고통과 고난에 시달리는 사람들에 대한 동정에 입각해 있다고 본다. 이러한 동정의 입장에서는 고통과 고난을 그 자체로 부정적인 것으로 보면서 그것이 완전히 사라진 이상적 상태를 희구한다. 그리고 고통과 고난의 상당히 많은 부분은 인간들 간의 갈등과 투쟁에서 비롯되는 것인바 그러한 이상사회는 이러한 갈등과 투쟁이 온전히 사라진 상태다.

이에 반해 니체는 인간은 고난과 고통을 통해서 좌절할 수도 있지만 고난과 고통과의 대결을 통해서만 성장할 수 있다고 본다. 나무는 폭풍우에 의해 꺾이고 뿌리가 뽑힐 수 있지만 땅에 뿌리를 깊이 내리면서 강건하게 자라기 위해서는 폭풍우를 필요로 한다. 이와 마찬가지로 인간도 강하게 성장하기 위해서는 고통과 고난을 필요로 하며 진정으로 강한 인간은 이런 의미에서 고통과 고난도 흔쾌히 긍정하는 자다. 따라서 니체는 그리스도교나 포이어바흐처럼 모든 고통과 고난이 사라진 피안이나 미래의 이상사회를 희구하는 것이 아니라 고통과 고난을 흔쾌히 긍정하는 강한 인간이 될 것을 사람들에게 촉구한다.

아울러 나중에 보겠지만 니체는 인간뿐 아니라 모든 살아 있는 것의 본질을 보다 큰 힘을 가지려는 의지, 다시 말해 힘에의 의지에서 찾기 때문에 인간들 간의 갈등과 투쟁은 불가피하다고 생각하며 모든 갈등과 투쟁이 제거된 상태란 있을 수 없다고 생각한다. 그는 이렇게 갈등과 투쟁이 제거된 상태란 고통과 고난이 제거된 상태와 마찬가지로 연약한 자들이 희구하는 것이라고 본다. 이에 따라 니체는 인간들 간의 동정이나 사랑이 아니라 오히려 경쟁과 투쟁을 통해서 서로를 강한 존재로 만들 것을 촉구하고 있으며 인간의 구원 역시 자연과 사회라는 주변 환경의 변화에서보다는 오히려 인간의 생명력의 강화에서 찾고 있다.

또한 포이어바흐는 개개의 인간은 유한하되 전체로서의 인류를 무한한 것으로 보고 있다. 따라서 포이어바흐에서 인간의 궁극적인 구원은 전체로서의 인류의 무한한 잠재력이 완전히 실현되는 먼 미래에나 바라볼 수 있는 것이다. 이에 반해 니체에게 문제 되는 것은 지금 여기에서의 개개의 인간이 고통과 고난 그리고 갈등과 투쟁으로 점철된 현실을 흔쾌히 긍정할 정도로 강건한 인간이 되는 것이다. 니체는 이렇게 말하고 있다.

오늘날에는 고귀하게 존재한다는 것, 독립적으로 존재하려고 한다는 것, 다르게 존재할 수 있다는 것, 홀로 서고 자신

의 힘으로 살아야만 한다는 것은 '위대함'이라는 개념에 속
한다.[5]

2. 가치전환

니힐리즘을 니체는 다음과 같이 정의하고 있다.

니힐리즘이란 무엇인가? 그것은 최고의 가치들이 가치를 상
실하게 된다는 것이다. 그리고 이는 목표가 결여되어 있다는
것, 즉 '왜?'라는 물음에 대한 답이 결여되어 있다는 것을 의
미한다.[6]

이렇게 니힐리즘을 '이제까지의 최고의 가치들의 무가치
화'로서 파악함으로써 니체는 니힐리즘을 가치라는 개념에
입각하여 사유하는 것이 된다. 다시 말해 니체는 니힐리즘

---

5 F. Nietzsche, *Jenseits von Gut und Böse*(선악을 넘어서), Nietzsche Werke,
   Kritische Gesamtausgabe, VI-2, Berlin, 1968, 212절.
6 F. Nietzsche, *Der Wille zur Macht*, 2번.

이란 문제를 최고의 가치들의 무가치화와 새로운 가치정립으로서의 가치전환과 관련하여 파악하고 있다. 니힐리즘의 역사로서의 서양의 역사는 가치가 문제가 되는 역사인 것이다. 따라서 니체의 니힐리즘 개념을 올바르게 파악하기 위해서 우리는 니체가 '최고의 가치'라는 말로 무엇을 의미하는지, 아니 그 전에 '가치'라는 말로 무엇을 염두에 두고 있는지를 명확히 드러내지 않으면 안 된다. 그 경우에만 우리는 "신은 죽었다"는 니체의 말도 제대로 이해할 수 있다.

하이데거는 이를 위해서 『힘에의 의지』의 단편 12번을 상세히 고찰하고 있다. 이것에는 '우주론적 가치들의 붕괴'라는 제목이 붙어 있다. '우주론적 가치들의 붕괴'에서 말하는 '우주'는 전통 형이상학에서처럼 인간과 신과 구별된 '자연'을 의미하지 않고 존재하는 모든 것을 포괄하는 '세계'를 의미한다. '우주론적 가치들'은 이러한 세계를 위로부터 규정하는 최고의 가치들이다. 그것들이 가치를 상실하게 됨으로써 니힐리즘이 대두하게 된다.

플라톤주의와 그리스도교에서 우리가 지각하는 현실의

존재자들은 최고의 가치들인 초감각적인 신적 존재로부터 비로소 가치와 의미를 부여받았다. 이데아의 반영이자 그림자로서의 현실적인 존재자들은 이데아를 실현하는 것을 자신의 존재의미로 보았고 이데아를 실현하는 만큼 자신의 존재도 가치를 갖게 되는 것으로 간주했다. 그리고 그리스도교에서도 모든 존재자는 신의 피조물로서 신에게서 비로소 존재의 의미와 가치를 부여받았다. 이 경우 이데아와 그리스도교 신이야말로 모든 의미와 가치의 원천이 된다. 이런 의미에서 니체는 이데아나 그리스도교의 신을 최고의 가치라고 부르고 있다.

모든 존재자는 이러한 최고의 가치들을 반영하고 있거나 그것들의 실현에 참여하고 있다는 점에서 가치를 갖는다. 따라서 모든 존재자에게 가치를 부여하는 이러한 최고의 가치들이 가치를 상실하게 될 경우 그것들에 근거하는 존재자들도 가치를 상실하게 된다. 이와 함께 가치상실감, 즉 모든 것을 무가치하고 헛된 것으로 경험하게 되는 심리적 상태가 발생하게 된다. 우주론적 가치들의 붕괴로서의 니힐리즘은 모든 것을 무가치하게 느끼는 심리적 상태가 대두하게 되는 것을 말한다. 이러한 상태는 어떤 조건에서 대두하게 되는가?

니체는 단편 12번에서 니힐리즘이 나타나는 세 가지 조건을 거론하고 있다. 이러한 세 가지 조건은 서양 형이상학의 역사에서 나타났던 세 가지 형태의 형이상학이 허구로 드러나는 사건이기도 하다.

니힐리즘은 첫째로 우리가 모든 것에서 하나의 '의미'를 찾았지만 그 의미가 그 안에 존재하지 않을 경우에 나타나게 된다. 따라서 니힐리즘이 출현하기 위한 전제조건은 우리가 하나의 '의미'를 '모든 것에서', 즉 존재자 전체에서 찾는다는 것이다. 니체는 이 경우 '의미'라는 말로 '목적'과 같은 것을 염두에 두고 있다. 이때의 '목적'은 모든 행위, 태도 그리고 사건의 이유와 근거를 가리킨다.

이러한 목적들로 니체는 '최고의 윤리적인 기준의 실현', '윤리적인 세계질서', '모든 존재자의 상호관계에 있어서 사랑과 조화의 증대', '보편적인 행복상태에의 접근' 또는 심지어 '하나의 보편적인 무의 상태를 향한 돌진' 등을 들고 있다. 그리고 니체는 이러한 의미추구들에 공통적인 것을,

그것들이 이러한 의미들이 생성의 과정 자체를 통하여 도달되어야만 한다고 믿고 있다는 데서 찾고 있다. 그런데 이제 사람들은 생성의 과정 자체를 통해서 아무것도 달성되지 않는다는 것을 깨닫게 되었다.

아울러 사람들이 그동안 자신들이 추구해 왔던 목적들이 생성 자체의 목적이 아니라는 사실을 깨닫게 될 때, 그들은 더 이상 자신이 생성의 협력자도 아니고 더군다나 생성의 중심도 아니라는 사실을 깨닫게 된다. 그러한 목적들은 결국은 인간이 자신의 행복을 위해서 만들어 낸 것에 지나지 않는다. 인간은 이러한 목적들이 세계 전체의 목적이라고 봄으로써 은연중에 자신을 생성 전체의 중심이라고 생각하며 자신의 노력을 통해서 자신이 그러한 목적의 실현에 협조하고 있다고 생각해 왔다. 사람들이 이러한 사실을 깨닫게 될 때 그 자체로 존립하는 무조건적인 목적으로서의 의미라는 것도 하나의 허구라는 사실을 깨닫게 된다. 이와 함께 목적과 의미라는 최고의 가치들 자체가 동요하게 되고 가치를 상실하게 된다.

니체가 생성 자체의 목적으로 간주되었던 것들의 하나로

들고 있는 '하나의 보편적인 무의 상태를 향한 돌진'으로 니체는 쇼펜하우어의 염세주의철학을 염두에 두고 있다고 할 수 있다. 쇼펜하우어는 인생의 고통은 식욕이나 성욕과 같은 욕망에서 비롯된다고 보면서 욕망의 부정을 주창했다. 그러나 니체는 욕망이야말로 생의 본질이기 때문에 욕망을 부정한다는 것은 결국 생을 부정하고 무로 도피하는 것이라고 보았다.

'하나의 보편적인 무의 상태를 향한 돌진' 외에 생성의 목적으로 간주되었던 것들인 '최고의 윤리적인 기준의 실현', '윤리적인 세계질서', '모든 존재자의 상호관계에 있어서 사랑과 조화의 증대', '보편적인 행복상태에의 접근'과 같은 것은 역사의 진보를 믿었던 근대의 철학들에서 역사의 목적으로 제시되었던 것들이다. 이러한 진보 신앙이 붕괴되면서 사람들이 빠져들게 되는 심리적 상태로 니체는 불안, 힘의 상실, 그리고 자신이 자신을 기만해 왔다는 사실에 대한 수치감을 들고 있다. 이는 사람들이 추구하는 목적이 그들의 삶에 확고한 의미와 방향을 부여함으로써 사람들이 자신의 삶에 대해서 확신을 갖고 살아갈 힘을 부여했음을 의미한다. 그러나 그러한 목적이 허구로서 드러나고 생성 자체가 결코 그러한 목적을 추구하지 않는다는 사실을 깨닫게 될 때 사람들은 불안에 사로잡히게 되고 무력해진다.

그리고 니체는 그러한 목적의 허구성을 깨닫게 되면서 사람들이 빠져드는 심리적 상태로서 사람들이 그동안 스스로를 기만해 왔다는 사실에 대해서 갖게 되는 수치감을 들고 있다. 이는 인간이 진실과 진리 자체를 추구하는 경향이 있다는 것을 의미한다. 니체 역시 이러한 사실을 부정하지 않을 뿐 아니라 니체 자신이 이러한 진실성의 추구를 가장 중요한 덕으로 간주하고 있다. 니체는 인간이 자신을 기만하지 않는다는 것, 진리가 자신의 입지를 위태롭게 해도 진실을 따르는 것을 중요한 덕 중의 하나로 간주하고 있는 것이다. 니체는 당대에 그리스도교를 신랄하게 비판했고 그러한 비판이 자신의 입지를 위태롭게 할 수 있다는 사실을 잘 알고 있었다. 그럼에도 그는 그러한 비판이 진리라고 생각했기에 그러한 비판을 철저하게 수행했다.

아울러 여기서 니체가 진보의 목적론이 설정하는 목적들, 즉 '최고의 윤리적인 기준의 실현', '윤리적인 세계질서',

'모든 존재자의 상호관계에 있어서 사랑과 조화의 증대', '보편적인 행복상태에의 접근'과 같은 것을 문제 삼는 것인지 아니면 그러한 목적들을 생성 자체의 목적이라고 생각하는 태도를 문제 삼는지가 문제 될 수 있다. 우리는 니체가 양자 모두를 문제 삼고 있다고 보아야 할 것이다. 니체는 그러한 목적들 자체를 연약한 자들이 설정한 것들이라고 보면서 인류를 전체적으로 약화시키는 목적들이라고 보고 있다. 니체는 이러한 목적들과는 달리 인간을 육체적으로 그리고 정신적으로 건강하게 하는 목적이 설정되어야 한다고 본다. 이 점에서 니체는 일단 역사의 진보를 믿는 철학들이 설정하는 목적 자체가 잘못되었다고 비판한다. 그러나 그러한 목적들을 생성 자체의 목적으로 보는 태도를 니체가 비판할 경우, 니체는 그러한 목적들이 인간을 약화시킨다는 이유보다는 그것들이 진리 자체가 아니라는 이유에서 그것들을 비판하고 있다고 할 수 있다.

심리적 상태로서의 니힐리즘, 즉 존재자 전체의 무가치성에 대한 '느낌'이 나타날 때는 둘째로 우리가 모든 사건에서 그리고 모든 사건의 근저에 하나의 전체성, 체계화, 조직화를 상정했지만 그것들이 실현되지 않을 경우다. 여기서 존재자 전체의 최고의 가치로서 거론되는 것은 '통일성'이란 성격을 갖는다. 이 경우 통일성은 모든 것을 철저하게 주재하면서 통일하고 모든 것을 질서 세우고 조직하는 것으로서 이해되고 있다. 그런데 왜 인간에게는 이러한 전체의 통일이 문제 되는가? 이는 인간의 삶이 최고의 가치를 갖는 이러한 '통일'된 전체 안으로 편입될 경우에만 인간 자신의 삶도 가치를 가질 수 있기 때문이다.

세계가 전체적으로 통일성을 갖는다는 믿음을 통해서 인간은 자신이 자신보다 무한히 우월한 전체에 속해 있다고 느끼게 된다. 인간은 자신의 개체성을 포기하고 이러한 전체성과 하나가 되면서 생성과 소멸에서 벗어난 신성을 얻게 되는 것처럼 느끼게 되는 것이다. 결국 통일적인 전체역시 인간이 자신의 가치를 믿을 수 있기 위해서 구상해 낸것이다. 인간은 자신이 생성 소멸에 의해서 지리멸렬하게 찢겨 나가는 존재가 아니라 근본적으로는 영원불변한 통일성에 속해 있다는 확신을 갖기 위해서 그러한 전체적인 통일성이란 관념을 고안해 낸다.

그러나 전체를 철저히 주재하는 통일성에 대한 믿음이 환멸로 끝날 경우에 모든 행위와 활동을 통하여 아무것도 달성되지 않는다는 통찰이 생긴다. 인간의 모든 행위와 활동 그리고 모든 '생성'은 이제 아무런 목적도 의미도 갖지 않는 것으로 나타나는 것이다.

여기서 니체가 니힐리즘이 나타나게 되는 두 번째 조건을 다루면서 염두에 두고 있는 것은 세계 전체의 조화와 통일을 강조하면서 세계 전체를 통일적으로 파악하려는 형이상학이라고 볼 수 있다. 이러한 형이상학은 스피노자식의 범신론의 형태를 띨 수도 있으며 파르메니데스처럼 모든 다양성과 생성을 가상으로 치부하면서 오직 하나의 불변적인 존재밖에 존재하지 않는다고 보는 존재론의 형태를 띨 수도 있다. 또는 그것은 헤겔에서 보는 것처럼 모든 생성과 다양성은 그것들을 통해서 자신을 전개하는 절대정신의 표현이라고 보는 형태를 띨 수도 있을 것이다. 이러한 전체적인 통일성을 강조하는 철학은 생성과 다양성을 이러한 전체적인 통일성의 표현으로 보거나 가상으로 본다.

다음으로 니체는 니힐리즘이 대두하게 되는 세 번째 조

건으로서 이원론적인 세계관의 붕괴를 들고 있다. 인간의 삶과 행위가 어떻게든 의미와 가치를 갖기 위해서는, 변화무상하고 가상적인 이 현실 위에 모든 변화와 기만으로부터 벗어나 있는 영원하고 참된 세계가 정립되어야만 한다. 이러한 참된 세계, 즉 피안의 초감각적인 것으로부터 차안의 감각적인 세계와 인간의 삶은 의미를 갖게 된다. 다시 말해 차안의 세계와 이 세계에서 인간이 견뎌 내야 하는 고통스러운 삶은 영원한 세계에 거주하기 위해 통과해야 하는 준비단계라는 의미를 갖게 되는 것이다.

변화무상하고 가상적인 차안 위에 그 자체로 존재하는 영원하고 참된 세계를 정립하는 것으로부터 니힐리즘의 마지막 형태가 나타나는 것은, 사람들이 이러한 참된 세계가 인간 자신이 차안적인 세계에서 겪는 고통을 견뎌 내기 위해 만들어 낸 것이라는 사실을 꿰뚫어 볼 때다. 이렇게 피안의 참된 세계를 사실은 인간이 자신을 위해서 만들어 낸 것이라는 사실이 드러날 경우, 이 세계는 동요하게 된다.

피안의 세계가 전복된 후에는 변화무상한 이 현실만이 실제로 존재하는 유일한 세계로서 나타나게 된다. 물론 이러한 유일한 세계는 그것이 자신의 목표로서 지향하던 피안의 세계가 붕괴됨으로써 아무런 목표도 가치도 갖지 못한 채로 존재하게 된다. 세계는 이제 일종의 중간상태에 존재하게 된다. 이러한 중간상태는 초감각적인 최고의 가치들이 현실 세계에 대해서 더 이상 타당성을 갖지 못하게 되었지만, 현실 세계는 아직 새로운 '가치정립'과 '의미부여'를 통해 정당화되지 않은 채로 있는 상태다.

이원론적인 형이상학의 대표적인 것이 플라톤의 이데아론과 그리스도교다. 니체가 서양의 역사에서 가장 강하면서도 가장 지속적으로 사람들의 의식을 지배한 것으로 보는 것은 이러한 이원론적인 형이상학이다. 또한 니체는 이러한 이원론적 형이상학이야말로 사람들을 가장 병들게 만들고 왜곡시켰다고 본다. 이러한 이원론은 세계를 피안과 차안으로 나눌 뿐 아니라 하나의 인간도 서로 대립되는 순수정신과 타락한 육체로 구성된 것으로 보면서 타락한 육체와 그것에 속한 본능적인 충동을 억압하고 순수정신을 구현할 것을 촉구한다. 그러나 사람들은 이러한 본능적인 충동을 근절할 수 없기에 끊임없이 죄책감에 시달리면서 자신을 정신적으로 병들게 만든다.

니체는 최고의 가치들의 기원과 붕괴에 대해서 이렇게 말하고 있다.

① 우리가 '목적', '통일', 그리고 '존재'라는 범주들을 통해서 '세계'(즉 존재자 전체)에 하나의 가치를 투입했다는 것.
② 이렇게 세계에 투입된 가치는 '다시 우리들에 의해서 박탈된다'는 것.
③ 범주들, 즉 가치들이 박탈된 후 세계는 '이제' 무가치하게 보인다는 것.

여기서 니체는 '우리가' 세계에 가치들을 투입하고 다시 박탈한다고 말하고 있다. 이 경우 이러한 세계는 그 자체로 존립하면서 가치의 투입과 박탈을 자신에게 허용하는 것으로 간주된다. 가치는 단순히 저절로 붕괴하는 것이 아니라 우리가 그 전에 투입했던 가치들을 세계로부터 다시 박탈하는 것으로 파악되고 있으며, 동시에 우리는 가치를 정립하고 폐기하는 주체로 간주되고 있다. 이 '우리'라는 말로 니체는 서양의 역사 속에서 살아온 인간들을 가리킨다. 니체가 말하려고 하는 것은 가치를 투입하는 동일한 인간들이 다시 그것들을 박탈한다는 것이 아니라 가치를 투입하고 박탈하는 자는 하나의 통일체로서의 서양의 역사 속에서 살아온 인간들이라는 것이다.

우리 자신, 즉 니체 당대와 그 이후의 사람들은 물론 그 전에 투입된 가치들을 다시 박탈하는 사람들이다. 가치들은 모래에 시냇물이 스며들듯 점차로 무가치해지는 것이 아니라 적극적으로 제거되고 박탈되지 않으면 안 되는 것이다. 우리는 이제까지의 최고의 가치들에게서 가치를 박탈하고 폐기하는 동시에 이제 자각적으로 자신과 세계를 정당화해야 한다. 이제까지의 가치들이 폐기됨으로써 이전에는 단지 차안적인 것에 불과했던 감각적인 현실 세계가 유일한 전체가 된다. 따라서 가치들의 새로운 정립도 이제까지의 최고의 가치들이 존재하던 초감각적인 세계에 단지 새로운 가치들이 정립되는 식으로 수행될 수는 없다.

그동안 인간 삶의 '목적'은 초감각적인 차원에 존재하는 최고의 가치들로부터, 다시 말해 인간 삶의 '외부로부터'

부과되었다. 따라서 니체가 주창하는 이제까지의 모든 가치의 전환은 초감각적 차원을 모든 가치의 원천으로 받아들이면서 그것에 단순히 새로운 내용을 투입하는 것이 아니다. 오히려 그것은 초감각적 차원을 송두리째 부정하면서 생성 변화하는 현실 세계 자체로부터 가치정립의 원리를 찾는 것을 의미한다. 다시 말해서 우리는 가치정립의 원리를 오직 현실적으로 생성 변화하는 존재자들 자체의 근본성격에서 찾아야만 한다. 니체는 존재자들 자체의 근본성격을 힘에의 의지라고 보고 있으며 이러한 힘에의 의지야말로 가치정립의 새로운 근본원리가 되어야 한다고 본다.

존재자 전체로서의 우주를 위로부터 규정하는 목적, 통일, 진리와 같은 최고의 가치들이 무가치하게 되었다는 가치상실감은 가치전환을 위한 발판으로 작용하게 된다. 따라서 최고의 가치가 가치를 상실하게 된다는 말로 니체가 니힐리즘을 규정할 때, 니힐리즘은 단지 지금까지 최고의 가치로 여겨 왔던 것들이 붕괴되고 말았다는 심리적인 상실감과 허무감의 상태에 머무는 것이 아니다. 오히려 가치

상실감의 상태는 가치전환이라는 니힐리즘의 종국적 완성
에 선행하는 중간상태에 지나지 않는다.

3. 힘에의 의지

1) 새로운 가치정립과 힘에의 의지

존재자 전체의 근본성격을 니체는 '힘에의 의지'라고 보
고 있다. 모든 존재자는 '힘에의 의지'로 존재한다. 식물, 동
물, 인간, 심지어 물질적인 '무생물'조차, 단적으로 말해서
자연이든 역사든 모든 것이 힘에의 의지로 존재한다. 인간
은 힘에의 의지의 탁월한 형태이기는 하지만 '힘에의 의지'
의 한 형태일 뿐이다.

힘에의 의지라는 개념은 존재자 전체의 본질을 확정하는
개념만은 아니다. 그것은 힘의 본질에 대한 해석도 포함하
고 있다. 그것은 어떠한 힘도 힘의 증대, 즉 힘의 고양인 한
에 있어서만 힘이라는 것을 의미한다. 힘은 힘이 보다 강
력하게 되는 것에 의해서만 힘으로서의 자격을 갖는다. 힘
은 그때마다 도달된 힘의 단계를 초월할 경우에만, 다시 말

해 자신을 보다 강력하게 할 경우에만 자신을 유지할 수 있다. 특정한 힘의 단계에 머무르자마자 힘은 이미 무력無力하게 된다. 삶의 유지는 고양에 이바지하기 위한 것이다. 단순히 삶의 유지에 급급한 경우 그 삶은 이미 몰락하고 있는 것이다.

따라서 힘에의 의지는 결핍감에서 비롯된 어떤 것, 다시 말해 힘을 전혀 소유하지 못한 상태에서 힘을 소유하려고 하는 의지가 아니다. 그것은 힘 자체가 그때그때 처해 있는 단계를 초극하기 위해 자신을 강화하는 것을 의미한다. 이런 의미에서 '힘에의 의지'의 대립 개념은 '힘을 이미 소유하고 있는 상태'가 아니라 '힘에의 무력함die Ohnmacht zur Macht', 즉 자신을 고양하고 강화하려는 힘을 결여한 상태다.

니체는 또한 힘에의 의지를 '주인이 되려는 의지'라고 말한다. 이러한 의지는 섬기는 자, 혹은 노예의 의지 속에도 존재한다. 노예도 유능한 노예일 경우에는 주인이 자신에게 의존하게 하고 싶어 한다. 그러나 이렇게 다른 사람들의 주인이 되려면 일차적으로 자기 자신의 주인이 되어야 한다. 자신을 통제하고 지배할 수 있는 자만이 다른 사람들도 지배할 수 있다. 이런 의미에서 니체는 '의지'는 그 자체가 '명령함'이라고도 말하고 있다. 의지의 본질은 명령하고 지배하는 것이다. 명령의 대상은 일차적으로 명령하는 당사자인 힘에의 의지 자신이다. 따라서 명령이란 자기극복 Selbstüberwindung이며 힘에의 의지가 자신을 통제하고 지배함으로써 자신을 끊임없이 고양하는 것이다. 힘에의 의지는 이렇게 자신을 지배함으로써 다른 인간들과 존재자들도 지배할 수 있다.

자기극복이 힘에의 의지의 본질이기 때문에 생은 다윈이 말하는 것과는 달리 한갓 생존이 아니라 성장을 목표로 하며 자기보존이 아니라 자기 고양과 강화를 목표로 한다. 따라서 힘에의 의지는 자신 이외의 아무것도 가치 있는 것으로 인정하지 않는다. 니체는 가치를 아래와 같이 파악하고 있다.

가치는 생성 내에서 상대적으로 지속하는 생의 복합적인 형상들의 유지와 고양을 위한 조건들을 형성하는 시점視點, Gesichtspunkt이다.[7]

하이데거는 니체가 가치를 하나의 시점으로 보고 있다는 사실에 주목한다. 시점이란 어떤 것을 겨냥하는 착안점 Augenpunkt이다. 이때 어떤 것을 겨냥한다는 것은 어떤 것을 목표하되 그 목표 실현을 위한 수단을 고려하는 것, 즉 계산하는 것이다. 힘에의 의지가 궁극적으로 목표하는 것은 항상 자기 자신이지만, 힘에의 의지가 직접적인 목표로 삼는 것은 자신의 구현이 아니라 어떤 가치 내지 이상을 실현하는 것이다. 그러나 힘에의 의지가 그러한 가치 내지 이상을 구현하는 것은 사실은 자기 자신을 고양하고 강화하기 위해서다.

예를 들어 플라톤은 감각적인 현실 속에 이데아를 구현하는 것이 인생의 목표라고 보면서, 이데아가 그 자체로 존재한다고 본다. 이에 반해 니체는 이데아를, 힘에의 의지가 자신의 안전한 유지를 위해서 만들어 낸 것으로 본다. 이데아는 목적 자체가 아니라 힘에의 의지를 위한 수단일 뿐이라는 것이다. 인간은 모든 것이 자신의 뜻과는 상관없이 생

---

7 F. Nietzsche, *Der Wille zur Macht*, 715번.

성 변화하는 현실에서 삶의 안정감을 얻기 위해서 영원불변의 이데아가 존재한다고 생각하면서 그것을 구현하면 자신의 삶도 영원불변하게 될 것이라고 생각한다. 플라톤의 이데아란 결국 변화무상한 이 현실에서 힘에의 의지가 안정감을 얻기 위해서 만들어 낸 관념에 불과한 것이다.

니체는 사람들이 영원불변의 존재를 상정하는 궁극적인 원인을 힘에의 의지의 약화에서 찾는다. 힘에의 의지가 약한 사람들은 생성 소멸하는 세계를 그대로 수용하기 힘들다. 따라서 사람들은 영원불변의 세계를 실재로 보고 생성 소멸하는 세계를 가상으로 폄하하면서 생성 소멸하는 세계에 복수한다. 생명의 세계는 끊임없이 생성 변화하는 세계다. 플라톤주의는 생명이 사라진 죽음의 세계를 택함으로써 끊임없이 생성 소멸하는 세계에서 안정을 누리려고 하는 병들고 허약한 힘에의 의지에서 비롯된 것이다. 이에 반해 건강한 힘에의 의지는 생성 소멸하는 현실을 흔쾌히 긍정한다. 따라서 세계를 실재 세계와 현상 세계로 나누는 것은 쇠퇴하고 있는 삶의 한 징후다.

이데아는 힘에의 의지가 그 자신을 유지하고 강화하기

위해서 고안해 낸 것이지만, 힘에의 의지에게 삶의 방향과 목표를 제시하며 힘에의 의지는 이러한 방향과 목표 아래서 세계를 파악하고 이해한다. 이 점에서 이데아나 그리스도교의 신과 같은 최고의 가치를 포함한 모든 가치는 힘에의 의지가 세계를 파악하는 시점 내지 관점Perspektiv이라고 할 수 있다.

니체에게 삶이란 궁극적으로는 힘에의 의지Wille zur Macht이며, 이러한 힘에의 의지는 각 생명체와 분리되어 따로 존재하는 것이 아니라 각 생명체의 본질적 핵심으로 존재한다. 힘에의 의지는 상대적으로 지속하는 각각의 생명체, 즉 어떤 것은 오래 살고 어떤 것은 짧게 사는 삶의 복합적 형성체로서 나타나는 것이다. 그리고 가치는 바로 이러한 각 생명체의 유지와 강화를 위한 조건이다. 이렇게 힘에의 의지에 의해서 정립된 것으로서 모든 가치는 항상 힘에의 의지의 수단일 뿐이다. 따라서 어떠한 가치든 필요에 따라서 얼마든지 다른 가치에 의해 대체될 수 있는 것이다. 즉 힘에의 의지 자체가 모든 목적과 가치의 원천이 된다. 다시 말해 그러한 목적들과 가치들은 힘에의 의지에 기여하느냐

그렇지 않느냐에 따라서 의미를 갖는다.

　가치는 힘에의 의지로서의 존재자가 존립하기 위한 조건이기 때문에 니체의 가치 개념에서는 수, 양, 정도 등이 문제가 된다. 어떤 것의 가치는 힘에의 의지를 실현하는 데 그것이 어느 정도나 도움이 되느냐에 따라서 정해진다. 니체 이전의 서양 형이상학에서 가치란 그 자체로 존재하는 영원불변의 것으로서 생성 소멸하는 존재자들에 대해서 우위를 갖는 것이었다. 존재자들은 그러한 영원불변의 가치를 얼마나 구현하느냐에 따라서 진정으로 존재하거나 그렇지 않은 것으로 평가되었다. 다시 말해서 가치는 존재자가 얼마나 진정으로 존재하는지를 평가하는 척도였다. 그러나 니체에게서 가치는 힘에의 의지로서의 존재자 자체가 자신의 유지와 강화를 위해서 정립한 수단이다. 따라서 가치가 힘에의 의지를 실현시키기 위해 얼마나 많게 혹은 적게 기여할 수 있는가가 문제가 된다. 가치가 생성 소멸하는 존재자를 평가하는 척도가 아니라 오히려 힘에의 의지로서의 존재자가 가치를 평가하는 척도가 되는 것이다.

2) 힘에의 의지와 진리

니체는 인식에 의해서 파악되는 진리 역시 힘에의 의지로부터 해명하려고 한다. 흔히 사람들은 인식이란 거울이 사물들을 반영하듯이 우리의 의식이 사물들을 그대로 반영하는 것이라고 생각한다. 그러나 니체는 인식을 우리가 부딪히는 카오스로서의 세계를 일정한 관점 아래에서 정리하고 고정시키는 활동으로 보고 있다. 이 경우 '카오스'란 봄에는 만물이 소생하지만 겨울에는 만물이 휴식상태로 들어가며 무수한 존재자들이 생겨났다가 사라지는 무궁무진의 세계를 가리킨다. 이른바 진리라는 것은 이러한 카오스를 일정한 관점에서 도식화하고 고정시킨 것이기 때문에 실재와 일치하지 않으며 이런 의미에서 오류라고 할 수 있다. 그렇지만 이러한 오류는 생물이 생존하기 위해서 절대적으로 필요로 하는 오류다.

진리란 그것 없이는 특정한 종류의 생물이 살아갈 수 없는 그런 종류의 오류다.[8]

모든 생물은 다른 모든 존재자에 열려 있지만 자신의 존속을 위해서 그것들 중 어떤 것들은 무시하고 어떤 것들은 동화시킨다. 생물은 모든 것을 있는 그대로 반영하지 않고, 어떤 것은 존재하는 것으로 어떤 것은 존재하지 않는 것으로 '해석한다'. 예를 들어 도마뱀은 풀이 살랑거리는 소리도 듣지만 가까운 거리에서 발사된 피스톨 소리는 듣지 못한다. 이 경우 도마뱀은 풀이 살랑거리는 작은 소리는 존재하는 것으로 해석하지만 피스톨 소리는 존재하지 않는 것으로 해석한다. 이와 같이 생물은 자신이 처한 환경과 사건 전체를 독자적으로 해석한다. 이러한 해석은 생물의 존속을 위해서 필수적인 것이다. 이런 의미에서 모든 생물은 세계를 보는 하나의 '관점적 지평'을 형성하며, 각 생물에게는 이러한 지평 안에서만 어떤 것이 출현할 수 있다.

이러한 관점적 지평은 힘에의 의지가 자신을 안전하게 유지하는 터전이 된다. 힘에의 의지가 자기를 극복하면서 보다 큰 힘으로 나아가기 위해서 힘에의 의지는 일단 자신

---

8 F. Nietzsche, *Der Wille zur Macht*, 493번.

을 안전하게 유지해야만 한다. 달리 말하면 힘에의 의지는 일단 극복한 힘의 단계를 지속적이고 견고하게 유지해야만 한다. 자신이 도달한 힘의 단계를 유지한다는 것은 힘에의 의지가 언제나 믿고 의지할 수 있는 삶의 지평으로 자신을 에워싸면서 그것으로부터 자신의 안전을 확보하는 것을 의미한다. 힘에의 의지가 자신을 극복하면서 보다 큰 힘을 발휘할 수 있는 터전이 되는 일정한 삶의 지평으로서 확정된 것이 바로 진리다. 진리는 그 자체로 주어져 있는 것이 아니라 힘에의 의지가 자신을 유지하기 위해서 설정한 관점인 것이다. 따라서 진리는 힘에의 의지가 자신을 유지하기 위해서 필요로 하는 조건으로서 하나의 가치다.

그런데 각각의 유기체 속에는 다수의 충동과 능력들이 있으며 그것들 각각은 고유한 관점을 갖고 있다. 이렇게 다수의 관점을 갖고 있다는 점이 유기체와 비유기체의 차이다. 그러나 비유기체, 다시 말해 무기물조차도 자신의 관점을 갖는다. 다만 그것의 관점에서는 '힘들 사이의 관계'가 힘들이 서로 끌어당기고 반발하는 일의적인 방식으로 확정된다. 따라서 무기물조차 힘에의 의지로서 나름의 관점에서 세계를 해석하고 있는 셈이며, 이런 의미에서 그것도 나름의 생명을 갖고 있다고 할 수 있다.

'생명 없는' 자연이라는 기계론적인 자연관은 자연을 계산 가능한 것으로 만들기 위한 하나의 가설에 지나지 않는다. 기계론적인 자연관은 무기물에도 힘들이 존재하며 따라서 관점들이 작용하고 있다는 사실을 간과한다. 모든 힘은 그 자체로 어떤 관점 아래서 세계를 해석하는 것이다. 이러한 사실로부터 '무기적인 세계는 없다'는 점이 분명해진다. 모든 존재자는 살아 있으며 그 자체로 자신의 관점으로부터 다른 것들에 대해서 자신을 주장한다.

하나의 유기체 속에는 다수의 충동과 능력이 서로 투쟁하고 있으며 그것들 각각은 각자의 관점을 갖는다. 다수의 충동과 능력이 서로 투쟁한 결과로 어떤 충동이나 능력이 우위를 점하게 될 때, 이것은 자신의 관점을 지배적인 관점으로서 관철할 수 있게 된다. 다시 말해 그것은 다른 관점들을 배척하면서 자신의 관점을 유일하게 척도를 부여하는 것으로서 확정하게 된다. 이 경우에야 비로소 생물에게 고정적인 사물들이 나타나게 된다. 이 고정적인 사물들은 항상적인 속성들을 갖는 항존적인 것이고, 생물은 그것들과 관계하는 것이다.

생물뿐 아니라 인간의 사고도 인간이 부딪히는 것들을 동일하고 항존적이고 개관槪觀이 가능한 것으로 만드는 역할을 한다. 이러한 사고가 확정하고 고정시킨 존재인 이른바 참된 것은 사실은 단지 가상일 뿐이지만, 이러한 가상은 인간이 세계의 끊임없는 변전 속에서 자신을 유지하고 관철하기 위해 필요한 가상이다. 이렇게 확정되고 항존적인 것을 플라톤주의는 '참된 존재'로 간주하지만, 이러한 존재는 사실 유일하게 척도를 부여하는 것으로서 확정된 가상이며 오류일 뿐이다.

전통적으로 진리는 대상과 인식의 일치를 의미하지만, 니체에게서 진리란 관점적 지평이다. 힘에의 의지는 그것에 의거하여 끊임없이 변전하는 세계 내에서 자신을 안전하게 확보할 수 있다. 이런 의미에서 니체는 진리를 하나의 해석일 뿐이라고 본다. 그것은 세계의 복잡한 과정 속에서 몇 가지 요소만을 두드러지게 하고 나머지 모든 요소를 제거함으로써 달성된 것이며, 세계를 이해할 수 있게 만드는 인위적인 조작을 통해 형성된 것이다. 따라서 진리는 발견되어야 할 어떤 것이 아니라 만들어져야 할 어떤 것이다. 이런 의미에서 참된 진리를 발견하려는 플라톤주의적인 진리에의 의지는 이데아나 신과 같이 고정적이고 지속적인 것들이 본래부터 존재하지 않는다는 사실을 도외시하면서 그것들을 참된 존재라고 왜곡하고 있다고 할 수 있다.

이와 관련하여 니체는 주체, 기체, 실체와 같은 개념들도 모두 실재의 반영이 아니라 허구라고 본다. 사유작용의 자유로운 주체라는 것 역시 상상된 것이며, 자신의 자유로운 의지에 따라서 행동하는 주체라는 것 역시 상상된 것이다. 단적으로 말해서 니체는 자유로운 의식적 의지의 주체로서의 자아라는 것은 하나의 허구에 불과하다고 보는 것이다. 우리의 의식적 의지는 사실은 우리가 의식하지 못하는 생리적 차원의 힘에의 의지에 의해서 규정되어 있다. 힘에의 의지가 병약해 있으면 사람들은 서양 형이상학이나 그리스도교처럼 이원론적으로 생각하고 행동하게 된다. 물론 이들은 자신들이 세계에 대한 객관적인 고찰에 입각해서 그렇게 생각하고 행동한다고 생각하겠지만 말이다.

니체는 자유의지라는 개념은 그리스도교와 성직자들이 사람들을 심판하기 위해서 만들어 낸 개념이라고 본다. 그리스도교는 사람들에게 자연스러운 본능을 근절할 것을 요구한다. 그런데 이렇게 요구하기 위해서는 인간에게 자신의 본능을 근절할 수 있는 자유의지가 존재한다고 상정해야 한다. 그리스도교는 사람들이 자유의지를 가지고 있음에도 불구하고 자연스러운 본능을 근절하지 못한다는 이유로 사람들을 죄인이라고 단죄한다. 이런 의미에서 니체는 자유의지라는 개념을 그리스도교와 성직자들이 사람들을 죄인으로 단죄하기 위해서 만들어 낸 개념이라고 본다.

니체가 자유의지라는 개념을 비판할 때 염두에 두고 있는 자유의지는 어떤 조건에 의해서도 제약받지 않고 마음대로 할 수 있는 자유의지와 같은 것이다. 예를 들어 신학자들은 우리가 본능을 제거할 수 있는 자유를 갖는 것처럼 생각한다. 그러나 니체는 이러한 자유의지는 존재하지 않는다고 본다. 본능의 적당한 절제와 승화는 가능하지만 본능을 제거하는 것은 불가능하다. 이런 의미에서 니체는 자유로운 의지라는 개념은 가상적인 개념일 뿐이고 실제로 존재하는 것은 강한 의지와 약한 의지뿐이라고 말하고 있다.

자유로운 실체로서의 자아가 존재한다고 믿으면서 우리는 자아라는 실체에 대한 이러한 믿음을 모든 사물에 투영한다. '사물'이라는 개념이나 영원불변한 실체인 원자라는 개념도 이렇게 해서 생긴 것이다. 도처에서 존재가 원인으로서 고안되어 생성 소멸하는 카오스적인 현실 밑으로 은근슬쩍 밀어 넣어진다. '자아'라는 개념에서 '고정된 항존적 존재'라는 개념이 생긴다. 그리고 세계 전체는 불변적이고 자유로운 정신적 실체로서의 신에 의해서 창조된 것으로 간주된다.

니체는 인과율 역시 원인을 일으키는 자유로운 실체가 있다는 믿음에서 비롯된 것으로 본다. 사람들은 자유로운 의지를 갖는 실체로서의 자아를 원인의 모델로 여기면서 외부 세계에서 일어나는 모든 사건도 실체로서의 자아와 같은 성격을 갖는 원인에 의해서 야기되는 것으로 생각하게 되는 것이다. 우리는 원인이라는 것이 무엇인지를 자유로운 의식적 의지를 갖고 생각하고 행동하는 실체로서의 자아로부터 이해한다.

원인과 결과에 대한 통속적 신앙은 자유의지가 모든 결과의 원인이라는 전제 위에 설립되어 있는 것이다.[9]

물론 니체는 여기서 원인이라는 개념 자체를 부정하는 것은 아니다. 니체가 부정하는 원인은 그 스스로가 자신의 원인으로 간주되는 원인이며 그 이상의 어떠한 조건에 의해서도 규정되지 않은 원인이다. 그러나 니체는 우리가 어떤 행위를 우리의 자발적인 의지에서 비롯되었다고 생각하는 경우에도, 그러한 자발적인 의지에 대해서도 우리가 의식하지 못하는 선행조건이 있다고 본다. 니체는 이 세계가 원자와 같은 실체들로 이루어진 것도 아니고 신이나 자아와 같은 정신적 실체들로 이루어진 것도 아니며, 끊임없이 서로 영향을 주고받는 무수한 힘에의 의지에 의해서 이루어져 있다고 본다.

니체는 실체, 기체, 원인과 같은 개념들은 결국은 미지의 것에 대한 불안과 근심에서 비롯되었다고 본다. 따라서 이

---

9 F. Nietzsche, *Der Wille zur Macht*, 667번.

러한 고통스러운 감정을 제거하고 싶어 하는 본능적 욕구가 생겨나며, 이러한 본능적 욕망에서 인식이 비롯된다. 이러한 본능적 욕구를 충족시키기 위해 가장 필요한 것은 미지의 것을 해명하는 것이다. 인식의 근본적인 동기는 진리 자체를 인식하려는 것이 아니라 미지의 것으로 인한 고통스러운 감정을 제거하는 것이다. 따라서 인식의 타당성 여부는 어디까지나 부차적인 것이며 고통스러운 감정을 제거하는 것이 중요하다. 사람들은 미지의 것을 해명해 주는 설명에 고마움을 느낀 나머지, 그것이 참인지 거짓인지는 문제 삼지 않고 그것이 옳다고 생각하는 것이다. 바로 이 때문에 터무니없는 종교나 철학 혹은 이데올로기가 오랜 세월 동안 세계를 지배할 수 있었다.

니체는 플라톤주의와 그것에 입각한 이원론적인 전통 형이상학 역시 위와 같은 심리적인 경향에서 비롯된다고 본다. 인간이 지각하는 현상들은 끊임없이 생성 변화하기 때문에 그것들에 대한 완전한 인식은 불가능하다. 이러한 상황은 인간에게 심리적으로 고통스러운 상태를 야기한다. 따라서 사람들은 자신이 지각하는 생성 소멸의 세계를 가상으로 보고 불변적인 세계가 있다고 상상하면서 이것을 진정한 실재로 보게 된다. 이와 함께 사람들은 우리에게 세계를 생성 소멸의 세계로서 드러내는 감각을 기만의 원천으로 보게 된다. 새롭고 변화하는 것은 고통을 야기하기 때문에 가상에 불과한 것으로 치부되며 영원불변의 존재만이 참된 실재로 해석된다.

이른바 실체로서의 정신도, 이성도, 영혼도 없다. 이것들은 단지 논리적·형이상학적 요청으로써 생긴 것들이며, 그것들에 대한 믿음은 우리의 사고나 행동이 자유로운 의지를 갖는 주체에서 비롯된 것으로 간주하는 습관에서만 타당하게 여겨진다. 따라서 어떤 결과를 야기하는 주체라는 개념을 포기한다면 결과로서 나타나는 객체라는 개념도 포기할 수밖에 없다. 주체, 객체라고 불리는 것은 단지 사건들의 복합체일 뿐이며 다른 복합체들에 비교해서 지속적인 것처럼 보이는 것일 뿐이다. 이러한 비교에서 보이는 차이는 단지 정도 차이에 불과하다. 따라서 "나는 생각한다. 고로 나는 존재한다"라는 데카르트의 명제는 '나'라는 허구적인 기체에 대한 믿음에 입각한 것이다. 데카르트의 명제는

"사고작용이 있다. 따라서 사고하는 주체 내지 실체가 있다"라는 그릇된 추론에 입각하고 있다. 이러한 추론이 잘못된 것은 그것이 사고하는 실체가 존재한다는 것을 자명한 것으로 이미 전제하고 있기 때문이다. 그러나 분명한 것은 사고작용이 있다는 사실일 뿐 이러한 사고작용이 자유롭게 사고하는 주체에서 비롯되었다는 것은 입증될 수 없다.

실체, 주체, 원인과 같은 믿음들이 삶의 조건이라고 해도, 다시 말해 유기체의 보존을 위해 필연적인 것이라고 해도 그것들은 실재 자체가 아니라 실재에 대한 해석에서 비롯된 것일 뿐이다. 힘에의 의지는 자신을 유지하기 위해서 이러한 해석을 필요로 한다. 해석은 힘에의 의지가 감각기관을 통해서 쇄도하는 혼돈의 세계를 지배하고 통제해서 주인이 되려는 수단일 뿐이다. 진리란 다양한 감각들을 지배하려고 하는 의지인 것이다. 이러한 의지는 자신의 보존을 위해서 필요한 것들만을 받아들인다. 이런 의미에서 인식은 힘에의 의지의 도구이며, 인식 능력은 삶의 보존을 위해서 필요한 정도로만 발달할 수 있다.

3) 힘에의 의지와 예술

진리는 힘에의 의지가 자신이 도달한 힘의 단계를 유지하기 위해서 필수적인 가치이지만, 보다 높은 힘의 단계에 도달하기 위해서는 충분하지 못하다. 왜냐하면 진리는 생성을 고정시키는 것으로서, 힘에의 의지가 구현해야 할 보다 높은 힘의 가능성을 제시하지는 못하기 때문이다. 예술이야말로 이러한 가능성을 제시하면서 가능성을 향해 힘에의 의지를 분발하게 하면서 자기를 초극하게 한다. 이 점에서 예술은 '삶의 가장 위대한 자극제'다. 진리가 힘에의 의지를 어떤 단계에 고정시킨다면 예술은 힘에의 의지가 그러한 단계를 뛰어넘어 자신을 해방시키도록 자극한다. 예술은 힘에의 의지를 고양시키기 위한 조건으로서 하나의 가치이지만 진리보다도 더 높은 가치다.

예술은 감각적인 현실을 떠나지 않지만 현존하는 것을 단순히 모사하지 않고 그것을 아직 구현된 적이 없었던 보다 높은 가능성으로 변용한다. 이러한 가능성은 생 '위에' 부유하는 공상적인 가능성이 아니며, 예술이 임의로 만들어 내는 것도 아니고, 오히려 자신을 고양시키려고 하는 생

그 자체의 본질로부터 비롯되는 가능성이다.

예술에 대해서 말할 때 니체는 미술이나 음악과 같은 좁은 의미의 예술만을 염두에 두지는 않다. 예술은 생으로 하여금 보다 높은 가능성을 구현하도록 자극하는 모든 것을 가리킨다. 이런 의미에서는 철학도 '예술'이다. 예를 들어 니체는 이렇게 말하고 있다.

비록 예술가가 없어도 출현하는 예술작품, 예를 들면 신체로서, 조직(프로이센 장교단, 예수회)으로서 나타나는 예술작품. 따라서 예술가는 전 단계에 지나지 않는다. 자기 자신을 산출하는 예술작품으로서의 세계.[10]

여기에서 예술작품이라는 개념은 인간의 신체와 군대조직이나 종교조직까지 포괄하는 넓은 의미로 사용되고 있으며, 예술가라는 개념 역시 세계 자체까지도 예술가로 포함하는 넓은 의미로 사용되고 있다. 예술 역시 모든 존재자의

---

10 F. Nietzsche, *Der Wille zur Macht*, 796번.

근본생기를 가리키는 넓은 의미로 사용되고 있다. 존재자는 그것이 존재하는 한, 자신을 창조하는 것이며 자기 자신에 의해서 창조된 것이라는 의미에서 예술로서 존재한다.

예술은 참된 것, 고정된 것, 정지되어 있는 것보다 생성하는 실재 자체, 다시 말해 '생'에 더 가까운 것이다. 그것은 카오스, 다시 말해서 스스로 넘쳐흐르는 무궁무진한 생의 충일을 구현하려고 한다. 생이 존재할 수 있기 위해서 그것은 한편으로는 하나의 특정한 고정된 지평에서 세계를 조망해야만 한다. 따라서 그것은 진리를 필요로 한다. 그러나 생이 진정한 의미의 생으로 유지될 수 있기 위해서는 자신을 초월해야 한다. 이를 위해서 생은 자신이 창조한 보다 높은 삶의 가능성의 빛 아래서 자신과 세계를 조망하면서 그러한 가능성을 구현하려고 해야 한다. 다시 말해 그것은 진리에 대항해야만 한다. 진리와 예술은 생의 본질에 함께 속하기 때문에 서로 대립하게 되는 것이다. 니체는 진리와 예술의 관계에 대해서 이렇게 말하고 있다.

우리는 진리로 인해 몰락하지 않기 위해서 예술을 갖는다.[11]

생이 어디까지나 생의 고양으로서만 참된 생으로 존재할 수 있는 한, 생은 진리로 만족할 수는 없다. 진리는 생을 고정시키는 것이기 때문에 생을 억제하고 파괴하며, 진리만을 고집하는 것은 이미 생이 퇴화하고 있다는 징후다.

이 경우 진리는 초감각적인 '참된 세계'를 가리킬 수 있다. 이러한 진리가 내세워질 경우 그것은 생, 즉 니체적인 의미의 상승하는 생을 위협한다. 그것은 감각적인 생에서 생명과 힘을 박탈하면서 생을 약화시킨다. 초감각적인 진리를 중시하는 입장에서 보면 초감각적인 진리에 대한 복종과 굴복 그리고 겸손과 자기비하가 본래적인 '덕'이 된다. 이에 반해 자기 자신에 의거하는 생의 모든 종류의 창조적인 고양과 긍지는 현혹이고 죄악이 된다.

그러나 위에서 말하는 진리는 초감각적인 것인 참된 세계 이외에 과학이 발견하는 진리를 의미할 수도 있다. 이러한 진리가 우리 삶에 매우 중요한 것이라고 해도 생의 본질이 향상하는 것이라고 한다면, 결국 생을 고정하고 유지하

---

11 F. Nietzsche, *Der Wille zur Macht*, 822번.

려고 하는 과학적 진리는 생을 부정하고 파괴하는 것이 된다. 우리가 이러한 '진리'로 인해 몰락하지 않기 위해서, 다시 말해 생을 고정시킴으로써 생이 쇠약해지지 않도록 하기 위해서 우리는 예술을 필요로 한다. 예술만이 진리의 힘에 대항하여 생을 보장해 준다.

그러나 다른 한편으로 예술은 보다 높은 생의 가능성을 구현하기 위해서 진리를 필요로 한다. 진리는 예술이 넘어서야 할 생의 모습을 확정한다. 이러한 확정된 생의 모습과 대결함으로써만 예술은 보다 높은 생의 가능성을 구현할 수 있다. 이 점에서 예술과 인식은 서로를 필요로 한다고 할 수 있다.

위에서 본 것처럼 니체는 예술이라는 개념을 모든 존재자의 근본성격을 가리키는 넓은 의미로 사용하면서도 이러한 넓은 의미의 예술을 좁은 의미의 예술과 구별하고 있다. 좁은 의미의 예술은 우리 인간이 자각적으로 카오스로서의 세계에 질서와 형태를 부여하는 활동을 가리키며, 이러한 활동에서 모든 존재자의 근본성격으로서의 창조가 의식적으로 그리고 가장 뚜렷하게 수행된다. 따라서 좁은 의미의 예술은 힘에의 의지가 취하는 여러 형태들 중의 하나가 아니라 최고의 형태다. 힘에의 의지의 본질은 이러한 좁은 의미의 예술로부터 그리고 이러한 예술로서 본래적으로 개시될 수 있다.

힘에의 의지는 이러한 의미의 예술에 의해서만 이제까지의 가치정립에 대해서 새로운 가치정립의 원리가 될 수 있다. 이에 반해 이제까지의 가치정립은 전통적으로 종교나 도덕 혹은 철학에 의해서 수행되었다. 그러나 전통적인 종교와 도덕 그리고 철학이 내세웠던 이른바 '초감각적인 참된 세계'는 이제 기만적인 오류로 드러났다. 오히려 감각적인 세계, 즉 플라톤주의에서는 가상과 미망 그리고 오류의 세계로 간주되었던 세계가 참된 세계다. 예술의 장場은 감각적인 것, 즉 감각적인 가상이다. 따라서 예술은 참된 영원한 세계가 설정될 경우에 부정되는 것인 생성의 세계를 긍정한다.

니체는 예술적 창조를 가능하게 하고 그것을 근저에서 규정하는 기분을 도취라고 부르고 있다. 이 경우 도취란 힘이 고양되어 있고 충만해 있는 상태를 가리킨다. 이러한 도취의 상태에서는 단순히 인간만이 고양되는 것이 아니라 인간이 마주치는 모든 존재자가 보다 풍요로워지고 투명해진다. 단적으로 말해서 그것들은 보다 본질적으로 경험된다. 니체가 예술적 창조의 근본상태로서의 도취로 의미하고 있는 것은 그것의 반대현상으로부터도 명료해진다. 그러한 반대현상이란 피로에 지친 자, 힘이 소진된 자들에 특유한 비예술적인 상태들이다.

예술적인 창조활동을 하면서 '사물들을 보다 충만하고 보다 단순하며 보다 강하게 보는' 것을 니체는 '이상화 Idealisieren'라고도 부르고 있다. 이러한 이상화란 사소하고 부차적인 것을 단순히 생략하고 삭제하고 사상捨象하는 것이 아니라, '주요한 특징들을 크게 부각시키는 것'이다. 예술적 창조의 기분인 도취는 이러한 이상화를 자신의 본질로 포함하고 있기 때문에 그것은 제멋대로의 맹목적인 기분이 아니다. 그것은 일정한 질서에 연관되어 있다. 니체는 이러한 질서를 '형식'이라고 부르고 있는바, 이러한 형식을 통해서 힘으로 충만한 상태인 도취가 실현된다. 형식이 가장 순일純-하면서도 힘으로 충만한 법칙으로서 주재하는 곳에 도취가 존재한다.

니체는 이러한 이상화, 즉 형식을 제대로 실현한 예술을 위대한 양식의 예술이라고 말하고 있다. 이 위대한 양식에 가장 가까운 것은 엄격한 양식, 즉 고전적인 양식이다.

고전적 양식은 본질적으로 이러한 평온함, 단순화, 축약, 집 중을 표현한다. 최고의 힘의 감정이 고전적인 전형에 집중되 어 있다. 중후한 반응, 위대한 의식意識, 투쟁의 감정의 부재.[12]

위대한 양식의 예술을 지배하는 것은 최고의 충만한 생명력으로 차 있으면서도 이러한 생명력이 절도 있게 제어되고 있는 순일한einfach 평온의 상태다. 이러한 예술에는 생의 근원적인 해방이 속하지만 이러한 해방은 제어된 형태로 행해지고 있는 것이다. 따라서 위대한 양식의 예술에서 표현되고 있는 것은 '완전한 생'이며, '확고하고 강력하고 견고한 것, 광대하고 압도적인 것으로서 존재하면서도 자

---

12 F. Nietzsche, *Der Wille zur Macht*, 799번.

신의 힘을 숨기고 있는 생'이다.

이런 의미의 고전적인 것은 고전주의적인 예술과 같은 어떤 특정한 과거의 예술과 동일시되어서는 안 된다. 고전적인 것은 서로 극단적으로 대립되는 카오스와 법칙을 통일하고 있다. 그것은 단순히 어떤 형식 안에 카오스를 가두는 것이 아니라, 카오스의 원시적 생명력Urwüchsigkeit 내지 위대한 정열을 법칙의 근원성과 서로 길항拮抗하는 방식으로 통일한다. 진정한 의미의 예술적 창조는 절도와 법칙에 따르면서도 자신을 초월하는 의지에 자신을 내맡긴다.

이와 관련하여 니체는 고전적 양식에서는 존재와 생성이 결합되어 있다고도 말하고 있다. 이 경우 존재와 생성 각각은 고전적 양식에서 서로 결합되어 있는 법칙과 원시적 생명력을 가리킨다고 할 수 있다. 그런데 니체는 힘에의 의지가 능동적인 것인지 아니면 수동적인 것인지에 따라서 각의지에서 존재와 생성은 각각 다른 성격을 가질 수 있다고 본다.

생성에의 열망, 다른 것이 되려고 하는 열망은 기존의 것을 파괴하려는 열망이다. 그것은 '충일하며 미래를 잉태하고 있는 능동적인 힘의 표현'일 수 있다. 그러나 생성에 대한 열망은, 존속하고 있는 모든 것을 그것이 단순히 존속하고 있다는 이유로 증오하는 자들의 불만에서 비롯된 수동적인 것일 수도 있다. 이 경우에는 결핍으로 고통받는 자들, 실패한 자들, 좌절한 자들의 반감이 창조적인 것이 되며, 그들은 기존의 모든 우월한 것에 대해서 그것들이 자신보다 우월하다는 이유만으로 원한을 품고 그것들을 파괴하려고 한다.

다른 한편으로 존재에의 갈망, 영원에의 의지는 넘치는 힘과 자신의 존재에 대한 감사로부터 비롯될 수 있다. 위대한 양식에서 법칙은 근원적·능동적인 활동으로부터 자라나며, 야성적이고 충일한 힘은 자신이 창조한 법칙의 질서 안으로 거두어진다. 위대한 양식에서는 그 어떠한 고난과 고통도 긍정하는 자의 충일로부터 비롯되는 법칙에의 갈망과 존재에의 능동적인 의지가 함께 작용하고 있다. 이러한 의지는 생성을 법칙 안에, 즉 존재 안에 지양하지만, 이 경우 생성과 존재는 서로 대립하는 것이 아니라 서로를 더욱 고양시키고 충일하게 만든다. 그러나 존재에의 갈망, 영원에의 의지는 플라톤적-그리스도교적인 철학에서 보는 것처럼 자신의 고통으로부터 벗어나고 싶어 하는 의지가 영속적이고 구속력을 갖는 것을 법칙과 강제로서 정립하는 수동적인 방식으로 나타날 수도 있다.

위대한 양식의 예술에서는 감각과 정열은 더 이상 부정되거나 억압되지 않고 정신화되고 섬세해진다. 다시 말해 그것에서는 감각과 정열이라는 '생'의 심연이 플라톤주의적인 이원론에서처럼 도덕적인 악으로서 부정되지 않고 오히려 긍정되고 있다.

내가 나 자신에게, 그리고 청교도적인 양심의 불안을 갖지 않고 살고 있고 그렇게 사는 것이 허락된 모든 사람에게 원하는 것은 자신들의 감각을 보다 정신화하고 다양화하는 것이다. 그뿐 아니라 우리는 감각의 섬세함, 충만 그리고 힘과 관련하여 감각들에게 감사하고 그것들에게 우리들이 가지고 있는 정신의 최선의 것을 바치기를 원한다.[13]

---

13 F. Nietzsche, *Der Wille zur Macht*, 820번.

따라서 중요한 것은 감각적인 것을 폐기하는 것도 초감각적인 것을 폐기하는 것도 아니다. 플라톤적-그리스도교적 형이상학에서 보이는 바와 같은 감각적인 것에 대한 오해와 중상重傷을 제거하는 것과 동시에 초감각적인 것에 대한 과대평가를 제거하는 것이 중요하다. 다시 말해 감각적인 것은 더 이상 초감각적인 것과 대립되는 것이 아니라 섬세해지고 정신화되어야 할 것으로서, 단적으로 말해서 승화되어야 할 것으로서 파악되어야 한다.

이런 맥락에서 니체는 예술가들이 표현하는 가상을 형이상학자들이 내세우는 가상과는 다르다고 본다. 예술이 표현하는 가상은 생성 소멸하는 세계와 무관한 것이 아니다. 그러한 가상은 생성 소멸하는 현실을 부정하는 것이 아니라 생성 소멸하는 현실이 강화되고 교정된 것일 뿐이다. 단적으로 말해 이상화된 것일 뿐이다.

4. 영원회귀사상

모든 가치정립은 힘에의 의지로부터 출발하고 힘에의 의

지로 되돌아간다. 새로운 가치정립은 힘에의 의지만이 가치를 정립하고 가치들이 갖는 정당성에 대해 결정하는 것으로 간주한다. 이런 의미에서 그것은 '이제까지의 모든 가치의 전환'이다. 의지는 자신의 의지를 의욕한다der Wille will seinen Willen. 의지가 자기 자신을 의욕한다는 것은 의지가 항상 자신을 넘어서려고 한다는 것을 의미한다. 왜냐하면 힘에의 의지의 본질은 보다 강해지려고 하는 것이고 이를 위해서 자신을 초극하는 것이기 때문이다. 따라서 힘에의 의지는 자신을 넘어서면서도 자신에게 되돌아온다.

모든 존재자가 힘에의 의지로서, 즉 끊임없이 자신을 강화하는 것으로서 하나의 지속적인 '생성'이지만, 이러한 생성은 결코 자신에서 이탈하여 이데아나 신 혹은 미래의 유토피아와 같은 자신 밖의 목적을 향해서 나아갈 수 없다. 힘에의 의지는 자신을 고양하는 원운동 안에 진입하면서 오직 이러한 원운동으로 귀환할 뿐이므로, 존재자 전체도 또한 힘에의 의지의 생성으로서 항상 거듭해서 회귀하면서 동일한 것을 재현하지 않으면 안 된다. 따라서 힘에의 의지는 동시에 '동일한 것의 영원회귀'로서 존재한다. 힘에의 의지는 존재자의 본질, 즉 존재자가 '무엇인지'에 대해서 말하고 있으며, '동일한 것의 영원회귀'는 그러한 본질을 갖는 존재자 전체가 '어떻게 존재하는지'에 대해서 말하고 있다. 존재자 전체의 본질essentia이 힘에의 의지라고 한다면, 존재자 전체의 존재방식existentia은 동일한 것의 영원한 회귀다.

하이데거는 「"신은 죽었다"는 니체의 말」에서 영원회귀사상에 대해서는 이 정도로 서술하는 데 그치고 있다. 그러나 그는 『니체 I』에 실린 「동일한 것의 영원한 회귀」에서는 상당히 다른 방식으로 영원회귀사상을 해석하고 있다. 물론 하이데거가 위에서 행한 해석과 『니체 I』에서의 해석은 서로 대립되는 것이 아니라 서로 보완할 수 있다고 여겨진다. 아래에서는 하이데거가 『니체 I』에서 행하고 있는 해석을 간략하게 소개할 것이다.

힘에의 의지가 가치정립의 원리일 경우, 이제 제시되어야 할 궁극의 가치는 힘에의 의지를 최고도로 실현하는 가치이지 않으면 안 된다. 그것은 플라톤의 이데아나 그리스도교의 신과 같은 전통적인 최고의 가치들처럼 힘에의 의지를 약화하거나 병들게 하는 것이 아니라 힘에의 의지로 하여금 자신을 고양하도록 내모는 가치여야 한다. 이러한 가치는 힘에의 의지를 단순히 위로함으로써 현재의 연약한 상태에 머물게 하는 것이 아니라 그것을 시련에 직면하게 함으로써 자신을 단련하게 하는 것이어야 한다. 그 자신이 대결해야 할 시련이 크면 클수록 힘에의 의지는 그러한 시련을 극복함으로써 보다 크게 강화될 수 있다. 따라서 힘에의 의지가 자신의 힘을 최고도로 강화하기 위해서 그러한 시련은 상상할 수 있는 최대의 시련이지 않으면 안 된다.

힘에의 의지는 자신을 고양하기 위해서 그러한 최대의 시련, 자신이 극복해야 할 최대의 장애를 정립한다. 그리고 이러한 최고의 장애물이란 바로 근대에 대두되고 있는 니힐리즘의 사건이다. 기존의 최고의 가치들이 붕괴됨으로써 생이 아무런 목적도 의미도 없는 것으로 드러날 때 생은 인간에게 최대의 고통으로 나타난다. 생이 아무런 목표도 없이 자신을 반복할 뿐이라는 니힐리즘의 상태야말로 힘에의 의지에게 최고의 시련을 제공한다. 그러나 힘에의 의지가 니힐리즘의 상태 앞에서 도피하지 않고 그것과 적극적으로 대결하면서 그것을 극복할 경우에 힘에의 의지는 자신의 본질에 상응하는 최고의 힘을 얻을 수 있다는 점에서 니힐리즘의 상태는 최고의 가치다.

따라서 니체는 신이 죽은 근대의 현실을 우리로 하여금 일종의 결단을 촉구하는 상황으로 본다. 그것은 그 모든 도피처의 허구성을 드러냄으로써 우리로 하여금 이 생성 소멸하는 현실을 철저하게 긍정하도록 촉구하는 것으로서 나타난다. 신의 죽음으로 말미암아 감각적인 세계는 초감각적인 목적과 의미를 상실하게 된다. 감각적인 세계는 이제 더 이상 피안으로 가기 위한 통로가 아니며 미래의 이상사회를 실현하기 위한 통로도 아니고 도덕률을 실현하기 위한 장도 아니다. 그 어떠한 허구적인 의미에도 의지하지 않고 이렇게 철저하게 의미를 상실한 세계를 견딜 수 있는 인간은 오직 강한 인간뿐이다. 니체는 신의 죽음을 인간이 생성 소멸하는 세계를 흔쾌히 긍정하는 강한 인간으로 다시 태어날 것을 촉구하는 사건으로 파악한다.

따라서 니체는 의미상실과 가치상실의 상태로서의 니힐리즘을 생이 자신의 고양을 위해서 정립한 하나의 가치로 본다. 이러한 니힐리즘의 상태를 니체는 영원회귀사상을 통해 보다 철저한 형태로 제시하고 있다. 영원회귀의 세계란 어떠한 의미도 방향도 없이 무한히 반복하는 세계다. 그세계는 모래성을 쌓다가 부수는 어린애의 놀이처럼 생성과소멸을 반복하는 세계이며 그것에는 목적도 의미도 없다.영원회귀의 세계란 모든 종류의 목적론적인 의미를 철저하게 거부하는 세계다.

영원회귀사상은 니힐리즘의 상태를 영구화하면서 이를통해 니힐리즘을 극단으로까지 몰고 나간다. 니힐리즘이이렇게 극단적인 형태를 취함으로써 니힐리즘은 현존재를하나의 궁극적인 결단 앞에 직면하게 한다. 이러한 영원회귀의 사상, 다시 말해서 우리가 현실에서 겪는 모든 질병과고통 그리고 갈등이 아무런 의미도 갖지 못한 채 무한히 반복된다는 사상은 우리가 받아들이기 가장 어려운 사상이다. 그것은 힘이 약한 자를 절망에 빠뜨린다. 힘에의 의지가 약한 자는 이러한 절망에서 벗어나기 위해 그러한 고통과 고난이 존재하지 않는 피안이나 유토피아를 희구한다.이에 반해 힘에의 의지가 강한 자는 모든 것이 아무런 목표도 없이 회귀한다는 사실을 흔쾌히 받아들인다. 그리고 이렇게 영원회귀를 흔쾌히 긍정할 때 그에게는 모든 것이, 즉 힘이 약한 자에게는 악이나 고통으로 여겨지는 것들조차도 신성하고 아름다운 것으로 나타나게 된다.

약한 인간과 강한 인간에게는 동일한 상황도 전적으로 다르게 나타난다. 예를 들어, 험악한 산을 올라갈 경우 약한 인간에게 산은 자신을 괴롭히는 저주스러운 것으로 나타날 것이며, 산을 올라간다는 것은 무의미한 노고에 불과한 것으로 나타날 것이다. 이에 반해 강한 인간에게는 산이 험난하면 험난할수록 그 산은 숭고한 아름다움을 갖는 것으로 나타날 것이며, 그는 그 산을 가뿐히 올라가면서 자신의 강한 힘을 확인하고 그것을 즐길 것이다. 약한 자는 아무런 목적도 의미도 없이 생성 소멸하는 현실을 두렵고 저주스러운 것으로 보면서 가공의 영원한 세계로 도피하려고 하지만, 강한 자는 동일한 현실을 그것과의 의연한 대결을 통해서 자신의 힘을 확인하고 즐길 수 있는 세계로 보는 것이다.

영원회귀사상은 그것이 갖는 엄청난 무게로 우리를 분쇄할 수도 있는 한편, 우리가 그것을 흔쾌히 받아들일 경우에는 니힐리즘의 극복을 위한 전환점이 될 수도 있다. 니체는 영원회귀의 사상을 통해서 우리로 하여금 그 사상의 무게에 의해서 압살을 당할 것이냐 아니면 그 사상을 짊어지면서 가장 강한 인간으로 탄생할 것이냐를 결단하게 만든다. 그러나 그러한 사상을 받아들이는 자에게 이 영원회귀의 세계는 더 이상 무의미한 세계가 아니라 매 순간이 의미로 충만한 세계가 될 것이다.

니체는 『차라투스트라는 이렇게 말했다』에서 영원회귀 사상을 검고 무거운 뱀에 비유하면서 이 뱀의 목을 깨무는 목자牧者가 이를 통해 어떻게 변화하는지를 서술하고 있다. 차라투스트라는 젊은 목자의 입에 검고 무거운 뱀이 걸려 있는 것을 보고서 그 뱀을 떼어 내려고 한다. 그러나 차라투스트라가 아무리 애를 써도 뱀은 떨어지지를 않는다. 이는 영원회귀사상은 타인의 도움에 의해서가 아니라 오직 자기 자신만의 힘으로 소화해야 한다는 사실을 상징한다고 볼 수 있다. 차라투스트라는 목자에게 뱀의 머리를 물어뜯으라고 소리친다. 그 말을 들은 목자는 과감하게 뱀의 머리를 물어뜯어 죽인다. 그 순간 목자는 새로운 인간으로 다시 태어나게 된다.

이미 목자도 인간도 아닌 변신한 자, 빛에 둘러싸여 있는 자로서 그는 웃었다. 그가 웃었던 것처럼 큰 소리로 웃었던 일은 일찍이 이 지상에 없었다. 오오, 형제들이여! 인간의 웃음 같지도 않은 웃음소리를 나는 들었다.

영원회귀사상이란 우리가 그것을 단순히 이론적으로 이해하는 것이 아니라 뱀의 머리를 깨무는 식의 실존적인 결단과 이를 통한 새로운 탄생을 요구하는 사상이다. 영원회귀의 상태를 적극적으로 인수할 때 인간은 삶의 매 순간을 있는 그대로 긍정할 수 있는 힘, 즉 최고의 힘을 얻게 되는 것이다. 이때 인간은 자신이 겪었던 그 모든 고통과 고난이 똑같이 반복되어도 좋다고 외칠 수 있는 생명력이 넘치는 인간이 된다.

극단적인 니힐리즘으로서의 영원회귀의 상태에서도 니힐리즘을 극복한 것으로서의 영원회귀의 상태에서도 모든 것은 동일하게 영원히 회귀한다. 그러나 이는 양자에서 전혀 다른 의미를 갖게 된다. 극단적인 니힐리즘의 상태에서 모든 것이 동일하게 영원히 회귀한다는 것은 모든 것이 무의미하다는 것, 모든 것은 실은 공허한 무라는 것, 그 어떤 것도 가치를 갖지 않으며 따라서 아무래도 좋은 것이란 의미를 갖는다. 이에 반해 니힐리즘을 극복한 것으로서의 영원회귀의 상태에서는 모든 것이 의미로 충만해 있으며 모든 순간이 절대적인 가치를 갖고, 모든 것은 아무래도 좋은 것이 아니라 절대적인 의미를 갖는다.

동일한 것이 영원히 회귀하는 세계에서는 생성하는 존재자들의 밖이나 위에 존재하는 모든 목적이 파괴된다. 그런데 이렇게 소위 초감각적인 참된 세계가 제거됨으로써, 형이상학에 의해서 그동안 가상적인 것으로 간주되었던 감각적인 세계의 가상적인 성격도 소멸해 버린다. 감각적 세계는 형이상학이 그동안 그것에 부여했던 무의미한 혼돈이라는 성격, 가상적인 성격에서 벗어나는 것이다. 생성이 절대적으로 긍정되는 영원회귀의 세계에서는 세계에 그 전에 투입되었던 초감각적인 목적이나 죄, 섭리 등의 이념들은 의미를 잃고 생성의 세계는 이제 충만한 '영원의 원환'으로 나타난다. 동일한 것의 영원한 회귀는 '기쁘면서도 고통스러운 생의 무궁한 충만die unerschöpfliche Fülle des freudigschmerzlichen Lebens'이다. 모든 것이 항상 거듭해서 회귀할 경우 생성은 절대적인 의미를 획득한다. 생성하는 것, 우연적인 것은 그 자체에 있어서 모든 순간에 절대적으로 긍정되는 것이다.

하이데거는 니체의 힘에의 의지의 사상과 영원회귀의 사상을 서로 불가분의 것으로 본다. 인간을 비롯한 모든 존재자의 본질을 자신의 고양과 강화를 목표하는 힘에의 의지로 보는 사상은 필연적으로 영원회귀의 사상을 요청한다는 것이다. 세계를 영원회귀의 세계로서 긍정하려는 힘에의 의지야말로 힘에의 의지의 본질을 최고도로 구현한 의지이기 때문에, 힘에의 의지는 세계가 영원히 회귀하기를 바란다. 이렇게 영원히 회귀하는 세계를 긍정하면서 자신의 강한 힘을 즐기는 자가 바로 초인이다.

5. 초 인

힘에의 의지를 모든 가치정립의 원리로 삼는 가치전환과 함께 인류는 지금까지의 역사보다도 한층 더 높은 다른 역사 속으로 진입하게 된다. 이러한 역사에서는 모든 가치정립의 원리인 힘에의 의지가 '현실적인 것의 현실성'으로서, 다시 말해 모든 존재자의 존재로서 고유하게 경험된다. 힘에의 의지라는 유일한 가치정립의 원리에 입각하여 모든 가치를 정립하는 과제를 인수하고 지상에 순수한 힘의 무조건적인 지배를 확립하려는 인간이 초인이다. 신은 죽었기 때문에 인간에게 척도와 중심이 되어야만 하는 것은 오직 인간 자신일 수 있을 뿐이며, 이 경우 순수한 의지의 무조건적인 지배를 확립하는 인간인 초인만이 피안이 사라짐으로써 유일한 현실로 남는 대지의 의미이자 목표다. 초인은 이제까지의 가치들을 신봉하는 인간들을 초월하고 그들을 무시해 버리며 순수한 힘의 강화라는 관점에서 모든 가치를 정립한다. 우리는 앞에서 니체가 자신이 목표하는 것을 다음과 같이 단호하게 표명하고 있는 것을 보았다.

우리가 실재하는 사물과 공상의 사물에 대여했던 모든 아름다움과 고상함을 나는 인간의 소유와 산물로서, 즉 인간에 대한 가장 아름다운 변명으로서 반환을 요구한다. 시인, 사상가, 신, 사랑 그리고 힘으로서의 인간 — 오, 왕과 같은 관대함으로 사물들을 풍요롭게 하고 자신은 빈곤하게 되고 비참하게 느끼게 된 인간. 그가 경탄하고 기도하면서, 그 자신이야말로 그가 경탄하는 바로 그것을 창조한 자라는 사실을 자신에게 숨길 줄 알았던 것은 그에게 사심이 전혀 없었기 때문이다.

이 메모가 말하려고 하는 것은 극히 명확하다. 인간은 자신의 위대한 아름다움과 고상함을 더 이상 이데아나 피안의 신에게 양보해서도 안 되며 대여해 줘도 안 된다. 인간은 그 모든 것을 자기 것으로 간주하면서 자신을 위해 청구해야만 한다. 이를 위해서 인간은 먼저 자기 자신을 초감각적인 존재에 복종해야 하는 비참한 노예라고 생각해서는 안 되고 존재자 전체를 무조건적으로 지배할 수 있게 되어야 한다. 이는 그 자신이 무조건적인 힘에의 의지라는 것을 의미한다. 이러한 무조건적인 힘에의 의지는 자신을 존재자 전체를 지배하는 주인으로서 인식하면서 힘의 끊임없는 고양을 향해 자각적으로 결단한다.

초인은 힘에의 의지가 지상의 지배권을 인수해야 할 과제 앞에 인간을 세우고 부를 때, 그것을 듣고 그 부름에 응답하는 인간이다. 이제까지의 인간도 이미 힘에의 의지의 부름을 듣고 있지만 그는 초감각적인 존재나 이념에 의존하려고 한다. 종래의 인간은 힘에의 의지에 따라 의욕하지 않으며, 지상의 지배권을 완전히 갖고 그러한 지배권을 수행하는 과업에 대해서 책임지려 하지 않는다.

6. 완성된 니힐리즘

하이데거는 니체가 니힐리즘을 여러 의미로 사용하고 있다는 사실에 주의를 환기시킨다. 니체는 수동적 니힐리즘, 능동적 니힐리즘, 불완전한 니힐리즘, 완성된 니힐리즘 내지 고전적 니힐리즘, 그리고 중간상태로서의 니힐리즘에 대해서 말하고 있다. 심지어 니체는 이원론적인 그리스도교나 전통 형이상학 그리고 근대적인 진보이념과 같은 것도 모두 니힐리즘으로 본다. 이것들은 허구적인 가상에 불과하며 따라서 공허한 무에 불과한 피안 세계나 유토피아를 참된 실재로 본다는 점에서 니힐리즘이라는 것이다. 근대인들이 전통 형이상학의 붕괴와 함께 마주하고 있는 중간상태로서의 니힐리즘은 전통 형이상학의 니힐리즘적인 성격이 드러난 것에 지나지 않는다. 다른 한편 니체는 중간상태로서의 니힐리즘을 극복하기 위해서 힘에의 의지를 가치정립의 척도로 삼는 모든 가치의 가치전환도 니힐리즘이라고 부르고 있다. 이렇게 힘에의 의지를 척도로 하여 가치상실과 의미상실을 극복한 니힐리즘을 니체는 완성된 니힐리즘 내지 고전적 니힐리즘이라고 부른다.

니힐리즘이 이렇게 기존의 최고의 가치들의 무가치화와 새로운 가치정립이라는 두 가지 형태로 나타날 수 있는 것처럼 니힐리즘의 선행형태Vorform로서의 염세주의도 이중적 의미를 갖는다. 하나는 '약함의 염세주의'이고 다른 하나는 '강함의 염세주의'다. 약함의 염세주의는 생을 고통으로 보면서 생을 유지하고 강화하려는 모든 욕망을 부정하는 쇼펜하우어나 인도철학에서 가장 전형적으로 나타나 있다. 이에 반해 강함의 염세주의는 삶의 가혹함과 삶에 수반되는 고통과 고난을 직시하면서도 오히려 그것들을 흔쾌히 긍정하는 것을 넘어서 요구하는 그리스의 비극적 영웅의 삶에서 가장 전형적으로 나타나 있다. 약함의 염세주의는 지치고 허약한 의지에서 비롯된다. 이에 반해 강함의 염세주의는 기쁨으로부터, 힘으로부터, 넘쳐흐르는 건강으로부터, 힘의 충일로부터 비롯된다. 그것은 터질 듯 넘쳐흐르는 자신의 힘을 시험하기 위해서 고통과 고난을 요청한다.

이러한 강함의 염세주의는 완성된 니힐리즘 내지 고전적인 니힐리즘과 상통하는 것이지만, 니체는 강함의 염세주의를 완성된 니힐리즘 내지 고전적 니힐리즘의 전 단계로 보면서 양자를 구별하고 있다. 니체가 이렇게 강함의 염세주의를 완성된 니힐리즘과 구별하는 것은, 그리스의 비극적인 영웅에게서 전형적으로 나타나는 강함의 염세주의는 완성된 니힐리즘처럼 기존의 가치들과의 대결을 통해서 힘에의 의지를 모든 가치정립의 원리로 '자각적으로' 인수하는 것은 아니기 때문이다. 완성된 니힐리즘 내지 고전적인 니힐리즘에서는 동일한 것의 영원한 회귀, 힘에의 의지, 초인이란 사태들이 긴밀히 결합되어 있다. 완성된 니힐리즘은 유일한 현실이자 실재인 힘에의 의지의 원리에 입각하여 가치를 정립한다. 그것은 힘에의 의지의 강화만을 목표로 자각적으로 가치를 정립하는 것이다. 따라서 이러한 완성된 니힐리즘은 힘의 끝없는 자기 고양으로 귀결되며, 이러한 힘의 끝없는 자기 고양은 힘에의 의지가 끊임없이 자기 자신의 본질로 회귀하는 것이 된다. 그리고 이렇게 힘의 끊임없는 자기 고양을 도모하는 자가 바로 초인이다.

니힐리즘은 기존의 최고의 가치들을 파괴하면서 새로운 가치정립을 수행하는 창조적 운동이다. 만약 그러한 파괴와 창조가 철저한 것이라면 니힐리즘은 완성된 니힐리즘, 즉 고전적인 니힐리즘이 된다. 그러나 만약 그러한 파괴와 창조가 중도에 그친다면 그것은 불완전한 니힐리즘이 된다. 대다수의 근대인들은 니힐리즘을 완성하지 않고 중도에 머문다. 신이 죽었다고 하더라도 신이 존재했던 초감각적인 차원이라는 자리 자체는 여전히 보존되어 있으며, 이러한 빈자리를 바그너의 음악, 민주주의, 최대 다수의 최대 행복, 인권, 사회주의, 국가나 민족이 채운다. 불완전한 니힐리즘은 이렇게 종래의 가치들을 다른 가치들로 대체하기는 하지만, 이러한 가치들을 여전히 초감각적인 영역이라는 낡은 빈자리에 앉히는 것이다.

고전적인 니힐리즘은 단순히 낡은 가치들을 새로운 가치들로 바꾸는 것이 아니다. 고전적 니힐리즘은 가치평가의 태도와 양식을 완전히 전환한다. 그것은 힘에의 의지를 원리로 하는 가치전환을 수행하면서 힘에의 의지가 가장 최고도로 구현되는 '가장 충만하고 생명력이 넘치는 삶'을 구현하려고 한다. 니체는 이러한 고전적 니힐리즘은 창조와 파괴 속에서도 고전적인 균형과 절도를 유지한다고 말한다.

2장
니힐리즘과 서양 형이상학의 완성으로서의
니체의 형이상학

1. 존재의 역사

하이데거는 니체와의 대결을 통해 니힐리즘의 본질을 탐구할 수 있는 기반을 마련하는 것을 목표하고 있다고 말한다. 그는 니힐리즘을 극복하기 이전에 우선 니힐리즘의 본질을 파악하는 것이 중요하다고 보는 것이다. 이렇게 니체와의 대결을 통해서 니힐리즘의 본질과 대결할 수 있는 기반을 마련하겠다는 것은, 하이데거가 니체는 아직 니힐리즘의 본질을 제대로 파악하지 못하고 있다고 본 사실을 시사한다. 니체가 니힐리즘의 본질을 제대로 파악하지 못하고 있다는 것은 니힐리즘을 극복하지 못했다는 것을 의미한다고도 할 수 있다. 하이데거는 실로 니체가 니힐리즘의 본질을 파악하지 못하고 있으며 따라서 니힐리즘을 극복하지 못했다고 본다.

하이데거의 이러한 니체 평가는 니체 자신의 자기 평가와는 전적으로 다른 것이다. 니체는 니힐리즘의 본질을 파악하면서 니힐리즘을 극복하는 것을 자신의 철학적 과제로 삼았을 뿐 아니라 자신은 그러한 과제를 제대로 수행했다고 보았을 것이기 때문이다. 니체는 자기 이전의 전통 형이상학이 니힐리즘에 빠져 있었지만 자신은 전통 형이상학을 극복했다고 보았으며 이와 함께 니힐리즘도 극복했다고 보았다. 그러나 하이데거는 니체는 전통 형이상학을 극복한 것이 아니라 완성했으며 또한 전통 형이상학을 규정해 온 니힐리즘 역시 극복한 것이 아니라 완성했다고 본다. 따라서 하이데거가 니체와의 대결을 통해서 니힐리즘의 본질을 제대로 탐구할 수 있는 기반을 마련하는 것은 동시에 서양 형이상학의 역사에서 니체의 철학적 근본입장이 갖는 위치를 규정하는 작업이기도 하다.

하이데거는 서양 형이상학의 역사에서 니체의 철학적 근본입장이 갖는 위치를 자신이 후기에 개척한 존재의 역사에 대한 사상에 입각하여 해명하고 있다. 보통 하이데거의 후기 사상은 1930년에 발표된 「진리의 본질에 대하여」라는 논문을 기점으로 하여 시작되는 것으로 파악된다. 1926년에 발간된 하이데거의 대표작 『존재와 시간』을 중심으로 한 하이데거의 전기 사상은 인간을 역사적 존재로 보면서도 정작 인간과 세계에 대한 구체적인 분석은 비역사적으로 전개하고 있다. 이에 반해 후기 하이데거는 인간을 철저하게 역사적인 존재로 보면서 인간과 세계가 어떻게 역사적으로 형성되어 가는지에 초점을 맞추어 인간과 세계를 분석하고 있다. 하이데거는 어떤 시대의 인간과 세계는 그 시대를 규정하는 존재이해에 따라서 전혀 다른 성격과 면모를 갖게 된다고 본다. 그런데 하이데거는 이러한 존재이해를 인간이 임의로 만드는 것이 아니라 존재 자체가 각 시대마다 새롭게 자신을 드러냄으로써 생기는 것으로 파악하고 있다. 하이데거는 존재가 자신을 드러내는 이러한 역사적인 과정을 존재의 역사Seinsgeschichte라고 부르고 있다. 존재의 역사는 우리말로는 흔히 존재사存在史라고 번역되고 있다.

「"신은 죽었다"」는 니체의 말」에서 하이데거가 행하고 있는 니체와의 대결은 존재사에 대한 후기 하이데거의 사상을 토대로 하여 전개되고 있다. 따라서 후기 하이데거가 개척하고 있는 존재사에 대해 알고 있지 못하면, 니체 철학이 서양 형이상학의 역사에서 차지하는 위치에 대한 하이데거의 서술을 이해하기는 매우 어렵다. 따라서 존재사에 대한 하이데거의 사상을 먼저 간략하게 살펴볼 것이다.

1) 존재-신-론으로서의 전통 형이상학

잘 알려져 있듯이 하이데거는 자신의 철학적 근본물음을 존재물음이라고 부르고 있다. 하이데거 철학은 처음부터 끝까지 존재에 대해 탐구하면서 존재를 파악하는 것을 목표로 하고 있다. 그런데 하이데거는 존재라는 말로 무엇을 의미하는가?

전통 형이상학도 존재에 대해서 탐구하면서 존재를 파악하려고 했다. 그러나 하이데거는 전통 형이상학이 탐구한 존재는 존재 자체가 아니라 존재자성Seiendheit이라고 말하고 있다. 따라서 하이데거는 니체가 모든 존재자들의 공통된 본질 내지 존재라고 파악한 힘에의 의지도 존재 자체가 아니라 존재자성이라고 말하고 있다. 그러면 존재자성은 무엇이고 존재란 무엇인가?

전통 형이상학에서 존재는 일차적으로 모든 존재자에게 공통적으로 존재하는 것을 가리킨다. 존재자성은 이런 의미에서 '가장 보편적인 것'이다. 이렇게 가장 보편적인 것인 존재와 달리 존재자는 '특수한 것'이며 '개별적인 것'이다. 이렇게 가장 일반적인 것은 형이상학의 역사에서 이데아로서, 형상(아리스토텔레스)으로서, 피조물로서, 단자(라이프니츠)로서, 힘에의 의지로서 파악되었다. 다른 한편으로 전통 형이상학에서 존재는 모든 존재자를 존재하게 하는 최고의 존재자로서 파악되고 있다. 이러한 존재자는 모든 존재자의 존재근거이기 때문에 무로부터 철저하게 벗어나 있는 영원한 존재자다. 따라서 존재자들을 무로 이끄는 사멸 내지 죽음이란 것도 최고의 존재자에게는 존재하지 않는 것으로 파악된다. 전통 형이상학에서는 존재와 무 그리고 죽음과 영원은 서로 대립되는 것으로 간주되는 것이다.

전통 형이상학에서 가장 보편적인 것으로서의 존재는 존재자들이 갖는 모든 특수성을 사상(捨象)하는 추상의 방법에 의해서 파악된다. 그런데 이러한 추상의 방법은 동일한 종이나 유(類)에 속하는 사물들의 공통성을 파악할 경우에도 행해지는 방법이며 결코 '존재'를 파악할 때만 사용되는 것은 아니다. 따라서 전통 형이상학에서 존재는 존재자들을 파악하듯이 파악된다. 또한 최고의 존재자는 눈앞의 존재자들에서 시작하여 그것들의 근거를 따져 물어 가는 것에 의해서 파악된다. 최고의 존재자 역시 존재자들로부터 파악되는 것이다.

형이상학적인 물음은 존재자들로부터 출발하면서 그것들의 공통적 본질과 궁극적인 근거로서의 존재를 추궁해 들어간다. 이런 의미에서 하이데거는 전통 형이상학을 존재자들의 공통된 본질에 대한 탐구인 존재론Ontologie과 궁극적 존재자로서의 최고의 존재자에 대한 탐구인 신론Theologie의 종합이라는 의미에서 존재-신-론으로서 규정하고 있다.

2) 전통 형이상학과 서양의 역사

하이데거는 각 시대의 형이상학을 철학자들의 지적인 산물에 불과한 것으로 보지 않는다. 오히려 하이데거는 각 시대의 형이상학을 존재자 전체의 공통된 본질과 궁극적 근거에 대한 이해를 건립함으로써 자신의 시대를 정초하는 것으로 보고 있다. 각 시대의 형이상학은 자신의 시대를 규정하는 존재이해를 개념적으로 분명하게 드러내면서 자신의 시대에 뚜렷한 방향과 윤곽을 부여함으로써 그 시대를 정초한다. 예컨대 중세에서 존재자 전체의 공통된 본질은 신의 피조물이라는 데서 찾아졌으며, 존재자 전체의 궁극적인 근거는 신이라는 최고의 존재자에서 구해졌다. 그리고 이러한 존재이해가 중세시대의 정치, 경제, 문화를 규정한다.

이에 반해 현대에서 존재자 전체의 본질은 '수학적으로 계산 가능하고 서로 변환이 가능한 에너지'로서 파악되고 있다. 예를 들어 강이나 산은 고유한 본질 내지 존재를 갖는 것으로 인정받지 못하고 한갓 수력이라는 에너지나 광물 에너지의 저장원으로 간주된다. 그리고 수력은 고유한 존재를 갖지 못하고 전력으로 변환될 수 있는 것으로 간주되며, 전력은 다시 동력으로 변환될 수 있는 것으로 간주된다. 닭과 같은 동물 역시 나름대로의 고유한 존재방식이 있다는 것을 인정받지 못하고 계란을 낳는 에너지로 간주되면서 수만 마리의 닭이 좁은 공간에서 사육당하고 있다. 이경우 존재자 전체의 궁극적 근거는 존재자들을 그러한 에너지로 전환하면서 그것들을 지배하려는 인간이 된다. 인간은 자신의 지배영역을 넓히는 데 유용한 에너지를 제공하는 존재자만을 진정한 의미에서 존재하는 것으로 간주하며 그렇지 않은 것은 없어도 좋은 것으로 판정하는 자로서 모든 존재자의 궁극적 존재근거가 된다. 이러한 존재이해는 현대인이 의식하지 못하더라도 현대인의 삶과 사유, 사회와 문화 전체를 규정하고 있다.

이렇게 각 시대의 형이상학이 각 시대를 정초한다고 보는 것은 하버마스를 비롯한 많은 사상가들이 비판하는 것처럼 철학이 역사에서 자신이 차지하는 비중을 지나치게 과대평가하는 관념론으로 보일 수 있다. 그러나 하이데거가 형이상학이 각 시대를 정초한다고 주장하는 것은 관념론적인 선입견에 입각한 단언이 아니라 인간을 세계-내-존재로 보는 그의 인간관에 뿌리박고 있다. 인간이 세계-내-존재라는 것은 인간이 다른 존재자들과 마찬가지로 단순히 세계 안에 포함되어 있는 존재자라는 의미가 아니다. 그것은 동물이 자신의 본능적인 욕구충족을 위한 장으로서의 환경세계Umwelt에 구속되어 있는 것과 달리 인간은 세계 전체에 열려 있는 존재라는 사실을 가리킨다.

인간은 동물과 달리 우주 전체를 생각할 수 있으며 무한한 미래와 과거를 생각할 수 있다. 경험론과 같은 철학은 인간의 의식은 원래 백지라고 본다. 경험론은 이러한 백지상태에서 감각기관을 통해 감각자료들이 주어지면 의식은 그것들 사이에서 유사한 것은 결합하고 그렇지 않은 것들은 분리함으로써 일정한 지식을 형성한다고 본다. 그러나 우리의 의식은 백지가 아니다. 오히려 우리는 어떤 것을 지각하더라도 백지상태에서 그것을 지각하는 것이 아니라 일정한 세계이해의 틀 속에서 지각한다.

예를 들어 초창기의 인류도 세계 전체에 대한 나름의 이해를 가지고 있었으며, 이러한 이해는 신화라는 형태로 나타났다. 신화가 지배하던 시대의 사람들은 숲속에서 정령과 같은 것을 느꼈으며, 수백 년 된 나무를 한갓 나무로 지각하지 않고 무엇인가 신령스러운 존재로 지각했다. 언어라는 것이 언제 시작되었는지를 우리가 알 수 없는 것과 마찬가지로 신화 역시 우리가 알 수 없는 시점에 생겨나서 인간의 세계이해를 규정했다. 그것은 무한한 우주가 어떻게 탄생했고 어떠한 구조로 이루어져 있는지 그리고 심지어 죽음 이후의 세계는 어떠한지에 대한 이해를 제공했다. 신화시대의 사람들은 신화적인 세계이해에 입각하여 숲이나 나무, 동물과 인간 등 모든 존재자와 관계한다. 오늘날에도 그리스도교나 이슬람교를 독실하게 믿는 사람들은 인격신이 세계를 창조했고 인간의 삶과 역사를 섭리한다고 믿으면서 이러한 믿음을 토대로 하여 존재자들을 파악하고 그것들과 관계한다.

단적으로 말해서 인간은 개개의 존재자와 관계하기 이전에 세계라는 전체에 이미 열려 있고 이러한 전체에 대한 이해에 입각하여 존재자들과 관계한다. 이 경우 전체란 단순히 개별 존재자들의 합이 아니다. 만약 전체가 단순히 개별 존재자들의 합에 지나지 않는다면 인간은 모든 존재자를 섭렵한 후에야 비로소 전체를 이해할 수 있을 것이기에 전체에 대한 이해란 불가능하다. 전체란 개개의 존재자들 이상의 것이다. 각 시대의 형이상학이 각 시대를 정초한다고 하이데거가 말하는 것은, 이와 같이 존재자들에 대한 인간의 관계는 존재자 '전체'에 대한 이해에 입각해 있고 이러한 전체에 대한 이해는 형이상학에 의해서 주어지기 때문이다.

각 시대의 형이상학에 구현된 존재이해가 한 시대의 정치, 경제, 문화 등 인간의 삶 전체를 궁극적으로 규정한다고 할 때, 어떤 시대를 극복하기 위해서는 그 시대를 지배하는 존재이해와의 대결이 필수적이다. 하이데거가 보기에 오늘날은 현대를 규정하는 존재이해가 자신의 한계를 여실히 드러내고 있는 시대이며 그러한 존재이해와의 철저한 대결이 요청되는 때다.

흔히 현대는 기술시대로 규정되고 있다. 하이데거 역시 이러한 규정을 현대에 대한 올바른 규정으로서 받아들이고 있다. 그러나 하이데거는 기술시대라는 말의 의미를 인간의 기술력이 현저하게 발전하고 비행기나 컴퓨터와 같은 첨단의 발명물들이 나타나고 있다는 데서 찾고 있지 않다. 하이데거에게 현대는 모든 존재자를 '수학적으로 계산 가능하고 서로 변환이 가능한 에너지'로 보는 기술적 존재이해가 지배하고 있다는 점에서 기술시대다. 이러한 기술적 존재이해야말로 모든 정교한 기술적 산물은 물론이고 과학과 현대의 정치와 경제 그리고 문화를 규정하는 것이다.

현대과학은 자신이 사물을 그 이전 시대의 과학에 비해서 객관적으로 고찰하고 있다고 보겠지만, 하이데거에 따르면 현대과학이야말로 기술적인 존재이해에 의해서 철저하게 규정되어 있다. 현대과학에서 존재자 전체는 '계산 가능하고 예견 가능한 에너지의 연관체계'로 간주되고 있는 것이다. 현대과학이 현대의 정밀기술에 응용될 수 있는 것은 그 자체가 이미 기술적인 존재이해를 전제하고 있기 때문이다. 또한 현대의 기술은 그것이 자연에서 에너지를 뽑아내는 성격을 갖는 한, 현대의 정밀한 자연과학을 사용하지 않을 수 없다.

물론 하이데거도 현대의 기술에 그러한 기술적인 존재이

해가 가장 대표적으로 나타나고 있다고 본다. 따라서 그는 현대의 기술이 갖는 본질적 성격에 대한 고찰을 통해서 현대의 삶 전체를 지배하는 기술적인 존재이해의 본질을 이해하려고 한다. 하이데거에 따르면 기술은 단순히 인간의 욕구를 충족시키기 위해서 우리가 임의로 사용할 수 있는 중립적인 도구와 같은 것이 아니다. 하이데거에게 기술은 단순히 인간의 도구라는 차원을 넘어서 존재자 전체를 드러내는 방식이다. 기술을 단순히 인간의 욕구를 충족시키는 것이라는 도구적인 의미에서만 파악할 경우 현대의 기술과 과거의 기술 사이에는 현대의 기술이 더욱 정확하며 정교한 반면에 과거의 기술은 단순하고 원시적이라는 정도의 차이 밖에 존재하지 않을 것이다. 그러나 기술을 단순히 인간의 욕구충족을 위한 도구로 보지 않고 존재자 전체를 드러내는 방식으로 볼 경우, 현대의 기술과 과거의 기술 사이에는 본질적인 차이가 존재한다.

예를 들어 그리스인들에게 기술techne은 존재자들의 고유한 존재를 드러내는 것her-vor-bringen이다. 그것은 존재자가 자신의 고유한 존재를 발현하도록 돕는 것이다. 이러한 기술이해에는 존재자를 퓌지스Physis로 보는 존재이해, 즉 존재자는 인간의 인식에 의해서 비로소 밝혀지는 것이 아니라 자신을 자신으로부터 개현하는 것으로서 보는 존재이해가 전제되어 있다. 이러한 존재이해에서 인간은 존재자의 고유한 존재를 받아들이면서 그것이 존재자 자체 내에 구현되도록 돕는 자가 되는 것이다. 이에 반해 현대의 기술은 존재자 자체의 고유한 존재를 무시하고, 존재자 전체를 에너지원으로 보면서 인간이 원하는 에너지를 제공하도록 강요하는 성격을 가지고 있다.

그런데 현대인은 자신을 자연을 마음대로 처분할 수 있는 주체로 보고 있지만, 사실은 인간 개개인 역시 에너지원에 지나지 않는다. 현대기술문명의 견인차라고 할 수 있는 기업에서 현대인들은 자신의 육체적·정신적 에너지를 최대한 발휘하도록 강요당한다. 물론 인간이 가지고 있는 에너지의 성격과 다른 존재자의 에너지의 성격은 다르다. 인간의 에너지는 다른 존재자들이 가지고 있는 에너지를 뽑아내는 기능을 갖는 에너지다. 하이데거는 이렇게 말하고 있다.

대지와 대기권은 원자재가 된다. 인간은 설정된 목표를 위해 투입되는 인간재료가 된다.[14]

또한 하이데거는 보다 효율적인 에너지로 인간도 인공적으로 만들어 낼 수 있는 날이 올 것이라고 예견하고 있다. 하이데거가 이 말을 했을 때는 1942년이었고 유전자 조작을 통해서 인간도 인간이 원하는 대로 조작할 수 있다는 사실은 아직 알려지지 않았을 때였다.

인간은 가장 중요한 재료이기 때문에 오늘날의 화학적인 탐구를 근거로 하여 볼 때, 어느 날 인간 물질의 생산을 위한 공장이 세워질 수 있다는 사실을 예견할 수 있다.[15]

하이데거는 구체적인 인간 개개인을 비롯한 모든 사물을 한갓 에너지로 격하하고 그것들로 하여금 끊임없이 자신들

---

14 하이데거 전집 5권: *Holzwege*, 267쪽.
15 하이데거 전집 7권: *Vorträge und Aufsätze*, 91쪽.

의 에너지를 내놓도록 몰아대는 현대 세계를 몰아세움의 세계Ge-stell라고 부르고 있다. 현대기술문명에서는 국경과 문화를 넘어서 모든 인간과 사물을 이렇게 계산 가능하고 변환 가능한 에너지로 환원해 나가는 어떤 익명의 힘이 지배하고 있다. 하이데거는 이러한 익명의 힘을 지배에의 의지라고 부르고 있다. 지배에의 의지는 인간을 둘러싼 자연 전체를 인간이 사용할 수 있는 에너지로 변환하고 남용하려는 광기 어린 의지다. 하이데거는 이러한 지배의지를 '의지에의 의지'라고도 부르고 있다. 이러한 의지는 자신을 맹목적으로 강화하고 증대하는 것 이외의 다른 목적을 전혀 갖지 않기 때문이다. 따라서 우리는 이러한 맹목적인 지배의지를 탐욕이라고도 부를 수 있을 것이다.

이러한 '의지에의 의지'는 모든 것을 자신의 욕구충족의 수단으로 간주하는 각 개인들의 의지로 나타나기 때문에, 현대인들은 자신들이 이러한 '의지에의 의지'의 소유자이자 주체인 것처럼 생각한다. 특히 이 시대를 주도한다고 자부하는 기업가들과 정치가들, 무엇보다도 히틀러나 스탈린을 비롯한 전체주의적 정치가들은 자신들이야말로 이러한 의지의 주체라고 자처할 것이다. 그러나 하이데거에 따르면 이들마저도 사실은 이 시대를 근저에서 몰아대는 맹목적이고 광기 어린 의지의 하수인들Funktionäre에 지나지 않는다. 현대인들은 '의지에의 의지'에 사로잡혀 있고 그것에 의해 끊임없이 내몰리고 있다.

이러한 사태를 하이데거는 '인간은 의지에 의해서 의지되고 있다'고 말하고 있다. 즉 기술시대를 근저에서 움직이고 있는 맹목적인 지배에의 의지는 구체적인 인간 개개인으로 하여금 자신이 이러한 의지의 주체라는 환상을 갖게하면서 인간 개개인의 의지를 통해서 자신을 실현하고 있다는 것이다. 중세시대의 인간들이 절대적인 신의 지배 아래 있었다면 인간은 이제 하나의 광기 어린 맹목적 의지의 지배 아래 있다. 따라서 과학기술문명이란 가장 합리적인 시대처럼 나타나면서도 사실은 가장 비합리적인 의지가 지배하는 시대다. 아울러 이 시대는 물질적으로는 가장 풍요로운 시대이지만 사실은 가장 궁핍한 시대다. 이 시대에서는 인간을 포함한 모든 존재자가 자신들의 고유한 존재와 무게를 상실하고 한갓 계산 가능하고 처분 가능한 에너지로 전락한 공허한 시대인 것이다.

이러한 맹목적인 의지와 공허의 지배에서 벗어나기 위해서는 사람들의 존재이해가 근본적으로 바뀌지 않으면 안 된다. 현대를 궁극적으로 규정하는 것이 인간을 비롯한 존재자 전체를 계산 가능한 에너지로 보는 존재이해인 한, 현대의 극복은 이러한 존재이해를 극복하는 새로운 존재이해에 의해서만 가능하다.

그런데 하이데거에 따르면 현대의 존재이해를 근본적으로 극복하기 위해서는 서양의 전통 형이상학 전체와의 대결이 요청된다. 왜냐하면 현대의 존재이해는 전통적인 배경 없이 갑자기 나타난 것이 아니며 전통 형이상학의 존재이해를 극단적으로 밀고 나간 것이기 때문이다. 따라서 현대를 극복하는 새로운 존재이해는 서양의 전통 전체와의 대결을 통해서만 획득될 수 있다.

3) 전통 형이상학의 존재와 하이데거 철학의 존재

우리가 위에서 이미 본 바와 같이 플라톤에서 니체에 이르는 전통 형이상학은 존재자 전체에 공통된 본질과 존재자 전체의 궁극적 근거를 묻는 것을 자신의 과제로 삼고 있다. 예컨대 전통 형이상학에서 존재자 전체의 공통된 본질은 이데아 또는 단자 등등으로 사유되어 왔으며, 존재자 전체의 궁극적 근거는 존재자 전체를 창조하는 존재자로서의 신이나 절대정신 등으로 사유되어 왔다. 전통 형이상학에 존재하는 이러한 차이에도 불구하고 그것들 내에는 존재에 대한 특정한 공통된 이해가 관통하고 있다.

전통 형이상학에서 존재자가 '존재한다'는 것은 그것이 '이론적 고찰의 대상으로서 눈앞에 존재한다das Vorhandensein'는 것을 의미하며 이는 하나의 특정한 시간적 의미, 즉 지속적으로 현전現前한다는 의미를 갖는다. 존재자는 변화하는 반면에, 모든 존재자에게 공통된 본질로서의 존재와 최고의 존재자는 불변하며 지속한다. 존재는 지속적으로 현전하기에 인간이 언제든지 이론적으로 고찰할 수 있는 대상이 된다. 단적으로 말해서 서양 형이상학에서 '존재'는 존재자들의 공통된 본질로서든 최고의 존재자로서든 존재자들의 '지속적인 근거'로서 이해되고 있다. 그리고 전통 형이상학은 이렇게 지속하는 근거로 변화무상한 존재자들을 환원하여 이해한다. 존재를 이렇게 인간이 언제든지 고찰할 수 있는 지속적인 근거로 보는 생각에는 변화무상한 세계 한가운데서 살고 있는 인간이 그 안에서 자신의 안전을 확보하려는 의지가 깔려 있다. 예컨대 중세시대에 인간은 영원한 신에게 귀의함으로써 모든 것이 생성 소멸하는 세계 내에서 자신의 안전을 확보하려고 했다.

이렇게 존재를 지속적인 근거로 보는 존재이해를 극단적으로 밀고 나간 것이 현대의 과학기술이다. 현대의 과학기술에서 존재자는 인간이 언제든지 파악할 수 있는 불변적인 자연법칙으로 환원되어서 고찰된다. 인간은 자연법칙이라는 존재자들의 근거에 의거하여 존재자들의 운동을 예견하고 계산하면서 존재자들을 지배함으로써 세계 안에서 자신의 안전을 확보한다.

하이데거에게 서양문명의 역사란, 인간이 존재를 이렇게 언제든지 이론적으로 고찰할 수 있는 지속적인 근거로 보면서 이러한 근거에 의거하여 세계 안에서 자신의 안전을 확보하려는 의지가 갈수록 강해져 가는 역사다. 이러한 의지는 19세기 후반에 니체에 의해서 하나의 철학적 원리로서 분명하게 등장하게 된다. 이제 니체는 존재를 창조주로 서의 신이나 절대정신처럼 인간이 귀의해야 하는 원리로 보지 않고 인간이 끊임없이 생성 변화하는 세계 내에서 자신의 안전을 확보하기 위해서 만들어 낸 허구로 해석한다. 존재란 사실은 인간이 존재자들을 지배하기 위해서 만들어 낸 가설에 불과하다는 것이다. 자연과학자들이 불변적인 자연법칙이라고 믿는 것도 사실은 인간이 자연을 자신의 지배 아래에 두기 위해서 설정한 가설에 지나지 않는다. 만약 그러한 가설이 인간의 힘을 강화하는 데 기여하지 않는다면 인간은 언제든지 그러한 가설을 팽개칠 수 있다. 이러한 가설은 존재자들을 있는 그대로 반영하는 것을 목표하는 것이 아니라 존재자들을 임의로 지배하는 것을 목표하고 있다.

존재를 지속적인 근거로 보는 서양 형이상학의 존재이해는 현대의 기술문명에 이르러 인간을 존재의 궁극적인 근거로 보는 니체의 인간중심주의로 끝난다. 우리는 이러한 인간중심주의의 귀결을 이미 보았다. 인간중심주의에서 인간은 자신이 모든 것의 주체인 것처럼 생각하지만 사실은 자신이 통제하지 못하는 맹목적인 지배의지의 노예에 지나지 않는다. 또한 모든 존재자를 인간을 위한 에너지로 보는 인간중심주의는 모든 존재자가 자신의 고유한 존재와 무게를 상실하는 니힐리즘으로 귀결된다.

이에 따라 하이데거는 존재자 전체의 공통된 본질과 궁극적 근거에 대한 새로운 이론체계를 제시하는 것을 자신의 철학적 과제로 보지 않고 있다. 그러한 작업은 이미 존재를 지속적인 근거로 보는 존재이해를 전제하고 있고 결국은 현대의 기술문명을 궁극적 귀결로서 낳을 것이기 때문이다. 따라서 하이데거는 과연 존재가 지속적으로 현전하는 근거와 같은 것을 의미하는지를 묻는다. 만약 그러한 존재이해가 존재의 근원적인 실상을 망각하고 있을 뿐 아니라 그것을 은폐하는 것이라면 지금까지의 형이상학과 그에 입각한 인간들의 삶은 왜곡된 토대 위에 세워져 있는 것이 된다.

그러면 하이데거는 존재를 어떻게 파악하고 있는가? 하이데거는 존재와 존재자와의 차이를 강조하고 있다. 하이데거에서 존재는 존재자와는 철저하게 다른 것으로서 존재자를 파악하듯이 파악될 수는 없다. 존재는 오히려 존재자를 '존재자로서' 드러내는 것으로서 존재자가 개시되는 방식과는 다른 독자적인 개현방식을 갖는다. 하이데거는 이렇게 존재자와는 전적으로 다른 방식으로 자신을 개시하는 존재 자체를 파악하려고 하며 이것이야말로 하이데거의 존재물음이 목표하는 것이다.

하이데거는 존재란 존재자가 존재자로서 개시되는 것을 가능케 하는 것이라고 말하고 있다. 이 경우 '존재자가 존재자로서 우리에게 개시된다'는 것으로 하이데거는 어떠한 사태를 염두에 두고 있는가? 하이데거는 이 경우 존재자가 '존재한다'는 사실이 경이로운 사건으로 우리에게 개시되는 사태를 염두에 두고 있다. 전통 형이상학에서는 존재자가 존재한다는 사실을 자명하게 생각하면서 그러한 존재자들의 공통된 본질과 궁극적인 근거를 묻는다. 그런데 어느 순간 우리는 '존재자가 존재한다'는 사태 자체에 대해서 경이를 느낄 때가 있다. 하이데거는 이러한 사태를 염두에 두면서 '존재자가 존재한다'는 기적에 대해서 말하고 있다. 하이데거에 따르면, 모든 존재자 중에서 오직 인간만이 존재의 소리에 의해 부름받음으로써 '존재자가 존재한다'는 최대의 기적을 경험한다는 것이다.

이 경우 존재자는 그것이 존재한다는 단순한 사실을 통해서 우리들의 관심을 끈다. 존재자가 존재한다는 것은 사실은 가장 평범하고 진부하기 짝이 없는 사실이며 따라서 전통 형이상학에서뿐 아니라 일상적으로도 우리의 관심을 전혀 끌지 못하는 사실이다. 일상적으로 우리의 관심을 끄는 것은 어떤 존재자가 보기 드문 특이한 성질을 가질 때다. 이에 반해 어떠한 존재자든, 다시 말해 모래알이든 꽃이든 그리고 자기 자신이든 그것이 존재한다는 사태 자체가 우리의 관심을 끌고 우리를 사로잡는 것은 극히 드문 순간뿐이다.

이러한 순간은 예를 들면 일본의 하이쿠 시인 바쇼가 "울타리 밑에 냉이가 피어 있네"라고 읊었을 때 경험했던 순간이다. 냉이는 우리가 보통 그냥 지나쳐 버리는 사소하기 그지없는 것이다. 그러나 바쇼가 그것을 보았을 때 냉이의 존재가 바쇼를 사로잡게 된다. 냉이는 항상 그곳에 있었다. 따라서 냉이가 존재한다고 말할 때 그 말은, 없었던 냉이가 있게 되었다는 것을 의미하지 않는다. 또한 그것은 냉이가 단순히 내 눈앞의 대상으로서 존재한다는 것을 의미하지도 않는다. 그것은 냉이가 자신의 신비로운 존재를 스스로 드러내고 있다는 사실을 의미한다.

이 경우 존재자의 신비로움은 우리가 지각할 수 있는 성질이 아니다. 그것은 냉이가 갖고 있는 수수께끼 같은 성격, 우리가 함부로 할 수 없는 성격을 갖고 있다는 것을 가리킨다. 냉이를 보았을 때 바쇼가 본 것은 바로 냉이의 이 수수께끼 같고 신비로운 성격이다. 이 경우 우리는 냉이가 갖고 있는 특성들을 아무리 과학적으로 세밀하게 분석하고 정확하게 규정하려고 해도 그 신비로움을 드러낼 수 없다. 이는 냉이가 갖는 어떤 특별한 성질이 신비로운 것이 아니라 전체로서의 냉이가, 다시 말해 냉이의 존재 자체가 신비로운 것으로 나타나고 있기 때문이다. 냉이의 신비로움을 드러내기 위해서 우리가 할 수 있는 것은 기껏 해야 바쇼처럼 '냉이가 존재한다'고 말하는 것뿐이다. 이 경우 '존재한다'는 말은 냉이가 갖고 있는 무궁무진의 신비로운 성격을 가리킬 수 있는 유일한 말이다.

그런데 이 경우 냉이만이 아니라 존재하는 모든 것이 신비로운 것으로 나타나게 된다. 하이데거는 이렇게 모든 것을 신비롭게 경험하는 기분을 '경이'라는 기분이라고 말하고 있다. 경이라는 기분에서는 전체가 한순간에 경이로운 것으로 드러난다. 이러한 전체는 존재자들을 단순히 합한 것이 아니다. 이러한 전체가 존재자들을 합한 것이라면 이러한 전체를 경험하는 것은 불가능하다. 그 경우 우리는 무수한 존재자를 다 경험한 후에야 전체를 경험했다고 할 수 있기 때문이다. 그러나 무수한 존재자를 하나씩 다 경험하는 것은 원칙적으로 불가능하다. 이에 반해 하이데거는 전체가 단적으로 자신을 개시하면서 오히려 존재자들을 그 자체로서 드러낸다고 보고 있다.

경이라는 기분을 하이데거는 모든 일상적인 놀람과 구별하고 있다. 일상적인 놀람은 평범한 일상적인 사물들 내에서 특별히 눈에 띄는 어떤 특이한 사물에 대한 놀람이다. 이에 반해 경이는 가장 평범하고 가장 낯익고 자명한 것이라서 어느 누구도 그 이전에는 전혀 주목할 수 없었던 것에 대한 경이이며 이를 통해서 가장 일상적인 사물들조차 경이롭게 나타나는 기분이다. 가장 낯익은 것이란 무엇인가? 그것은 '존재자들이 존재한다'는 사실이다.

인간들은 일상생활에서 일상의 많은 다양한 사물들과 다양한 일들에 빠져 있을 뿐이며 '어떤 것이 있다'라는 단순한 사실에는 관심을 갖지 않는다. 이에 반해 경이에서는 '존재자가 존재한다'는 가장 자명한 사실이 경이롭게 나타나며 이와 아울러 모든 존재자가 경이롭게 나타난다. 이러한 경이라는 기분에서 모든 존재자는 환히 빛을 발하면서 자신을 드러낸다. 경이라는 기분에서 각각의 존재자는 인간이 지적인 긴장과 노력을 통해서 비로소 그것의 진리를 파악해야만 하는 대상으로서가 아니라 자신의 진리를 스스로 드러내는 존재로서 나타나는 것이다.

하이데거는 경이라는 기분에서 모든 존재자를 존재자로서 개시하는 전체를 존재라고 부르고 있다. 이러한 존재는 모든 존재자를 존재자로서 개시하는 것이기에 존재자가 아니고 존재자와는 전적으로 다른 것이다. 따라서 이러한 존재를 존재자를 파악하듯이 파악하려고 해서는 안 된다. 눈앞의 존재자를 파악하듯이 존재를 대상화하려고 할 경우 존재는 빠져 달아나 버린다. 전통 형이상학에서 존재는 이론적인 추상이나 추론에 의해서 드러나는 것으로 파악되었다. 그러나 하이데거는 존재는 경이와 같은 근본기분을 통해서 우리를 엄습하면서 우리의 삶의 방식을 전적으로 변화시키는 동시에 모든 존재자를 그전과는 전혀 다르게 드러내는 방식으로 자신을 개시한다고 본다.

하이데거는 이러한 존재는 존재자가 아니기 때문에 우리가 눈앞에 드러나 있는 존재자를 파악하듯이 그것을 파악하려고 하면 빠져 달아나고 자신을 은닉하는 것이라는 점에서 그것을 무das Nichts라고 말하고 있다. 다시 말해서 경이라는 기분에서 인간을 엄습하면서 인간을 비롯한 모든 존재자를 드러내는 존재 자체는 우리가 지각할 수 있는 존재자가 아니며, 이론적으로 고찰하는 것을 통해서 파악될 수 있는 존재자들의 공통된 본질이나 존재자 전체의 궁극적 근거로서의 최고의 존재자도 아니다. 그 어떠한 존재자도 아니라는 점에서 존재는 차라리 무라고 할 수 있는 것이다. 이 경우 무는 존재 자체가 갖는 은닉과 비밀의 성격을 가리킨다. 그것은 존재자들을 드러내면서도 자신은 은닉한다.

그러나 이러한 무는 다른 한편으로는 모든 존재자가 자신의 고유한 존재와 진리를 스스로 개시하게 한다는 점에서 존재라고 부를 수 있다.

형이상학은 존재를 존재자와는 전적으로 다른 것으로 파악하지 않고 존재자에 입각하여 그리고 존재자를 파악하듯이 파악하려고 한다. 형이상학에서는 사실 '전체'로서의 존재 자체는 존재하지 않고 존재자만이 존재한다. 형이상학은 존재를 존재자들의 공통된 본질이자 최고의 존재자로 파악하지만, 존재자들의 공통된 일반적 본질로서의 존재는 존재자들에 속해 있는 것으로 존재하며 최고의 존재자 역시 어디까지나 존재자로서 존재한다. 따라서 전통 형이상학은 존재를 존재자들로부터 추론한다. 전통 형이상학에서 존재는 경이라는 기분에서처럼 한순간에 개시되는 것이 아니라 이론적인 추론에 의해서 비로소 파악될 수 있는 것으로 간주되는 것이다.

하이데거는 경이와 같은 기분을 근본기분이라고 부르고 있으며, 경이라는 기분 외에 불안이나 깊은 권태, 경악과 경외와 같은 기분도 이러한 근본기분에 속하는 것으로 보고 있다. 이러한 근본기분들에서는 단적으로 '전체'가 문제가 된다. 경이라는 기분에서는 존재자 전체가 경이롭고 신비로운 것으로서 자신을 드러낸다.

따라서 인간이 존재자들을 보다 근원적으로 이해하려면 인간은 근본기분을 통해서 인간에게 말을 거는 이 전체에 자신을 열어야 한다. 이는 이 전체가 인간에게 근본기분을 통하여 자신을 개시함으로써 모든 존재자가 근원적으로 자신을 개시하기 때문이다. 인간은 근본기분을 통하여 이 전체의 개현에 나가 있다. 근본기분이란 인간에게 전체의 근원적인 열림Lichtung이 일어나는 사건 이외의 것이 아니다.

형이상학에 의해서 존재자들로부터의 추론을 통해서 파악되는 존재는 '지속적으로 존재한다'는 고정성을 특색으로 갖는 반면에, 근본기분에서 자신을 드러내는 존재는 인간을 엄습하면서 변화시키는 시간성과 역사성을 특징으로 갖는다. 하이데거는 형이상학처럼 눈앞의 존재자들로부터 전체에 대한 추론을 행하지 않는다. 그에 따르면 존재자들만이 경험의 대상이 되는 것은 아니며 또한 인간은 존재자들과만 관계하는 것이 아니다. 전체가 경험되는 근본기분이란 사건이 있으며, 그리고 근본기분을 통해 열린 전체에 대한 경험을 통해서 인간은 비로소 존재자들과 관계할 수 있다.

하이데거에서 근본기분은 단순히 인간의 심리상태가 아니다. 근본기분은 존재자 전체의 한가운데에 처해 있는 인간이 그때마다 전체로서의 존재의 특수한 개현성 속으로 진입하게 되는 사건이다. 이러한 근본기분에서 인간은 존재의 개현이 일어나는 장소라는 특수한 존재로서, 즉 현-존재Da-sein로서 존재하게 된다. 근본기분이란 현존재와 존재자 '전체'가 함께 개현되는 장이다. 근본기분에서 인간이 존재의 개현이 일어나는 현-존재로서 나타날 경우, 이러한 인간은 우리가 우선 대부분의 경우 망각하고 있는 본질적인 인간der wesentliche Mensch이다. 인간이 먼저 있고 이러한 인간이 일종의 주체로서 존재자들을 파악하는 것이 아니라, 인간은 현존재로 변화되면서 존재의 개현을 수행한다.

4) 근본기분과 존재이해의 변화

이렇게 존재 자체가 항상 근본기분을 통해서 개시된다면

이는 특정한 시대에만 타당한 것이 아니라 모든 시대에 타당하다. 존재 자체는 각 시대에 지배하는 각각의 근본기분을 통해서 자신을 개시한다. 이는 각 시대의 존재이해는 그 시대를 근저에서 엄습하고 있는 근본기분에 의해서 규정되어 있다는 것을 의미한다. 각 시대의 존재이해를 개념적으로 명확히 규정함으로써 각 시대를 건립하는 형이상학은 자신이 어떠한 기분에도 사로잡히는 것 없이 냉정하게 세계를 고찰한다고 생각한다. 그러나 사실 그것은 항상 그때마다의 시대적인 근본기분에 의해서 규정되고 있다.

그런데 기분이란 우리가 그것에 휩싸이는 것이지 우리가 임의로 쉽게 만들어 낼 수 없는 것처럼, 근본기분 역시 그 시대의 인간들이 마음대로 조성할 수 있는 것이 아니다. 따라서 각 시대의 근본기분을 통해서 드러나는 전체로서의 존재에 대한 이해 역시 인간이 임의적으로 고안해 낸 것이 아니라 그 시대의 인간에게 주어진 것이다. 하이데거는 이러한 사태를 존재가 자신을 보내는schicken 사건, 즉 존재의 역운das Geschick des Seins이라고 부르고 있다.

존재는 그리스시대에는 경이라는 근본기분에서 자신

을 개현한다. 경이라는 근본기분에서 전체는 은닉으로부터 자신을 드러내는 퓌지스로서 이해된다. 여기서 전체는 찬연하게 빛을 발하면서 자신을 드러내고 현존재에게 말을 거는 것으로서 이해된다. 그리스인들은 존재를 처음으로 그리고 시원적으로 'φύσις'(퓌지스)로서, 즉 자신으로부터 피어나면서 본질적으로 자신을 개현하는 것, 자신을 여는 것 그리고 열린 장 안으로 자신을 개현하는 것das von-sich-aus-Aufgehen und so wesenhaft sich-in-den-Aufgang-Stellen, das Sichöffnen und ins-Offene-sich Offenbaren으로서 파악했다.

그리스인들에게 존재자는 경이라는 기분에서 스스로를 개시하는 것으로서, 즉 퓌지스로서 드러나기 때문에 근대의 인식론적인 문제, 즉 존재자로부터 고립되어 있는 나의 인식이 존재자와 어떻게 합치할 수 있는가의 문제는 존재하지도 않았고 존재할 수도 없었다. 이들에게 진리란 인간이 존재자를 자신의 앞에 두고 이리저리 궁구하면서 존재자를 고찰한 결과로서 획득되는 것이 아니라, 존재자 자체가 자신을 은닉lethe, die Verborgenheit으로부터 내보이는 것, 즉 비은닉성aletheia, die Unverborgenheit이었던 것이다.

그리스인들이 세계를 퓌지스로서 보게 된 것은 세계에 대한 이론적 관찰을 통해서가 아니라 경이Erstaunen라는 근본 기분을 통해서였다. 그러나 그리스인들은 경이라는 근본 기분에서 일어나는 퓌지스의 근원적인 개현의 사건 자체를 문제 삼지 않으며 그러한 개현을 자명한 것으로 전제한다. 그리스인들은 오히려 이러한 개현을 통해서 개시된 존재자들의 본질과 전체적인 질서를 파악하는 데 몰두한다.

이러한 경향은 플라톤에서 극히 강력하게 드러난다. 플라톤은 존재를 존재자들의 이상적 원형으로서의 이데아로 보지만 이데아는 존재자들에 대한 정신적인 직관을 통해서 파악할 수 있는 것으로 본다. 이 경우 존재는 존재자들을 실마리로 하여 파악되며 생성 소멸하는 존재자들을 가능하게 하는 항존적인 근거로 간주된다. 물론 플라톤의 이데아는 퓌지스의 경험에 입각한 것으로서 아직 퓌지스의 성격을 보존하고 있다. 여기서 이데아는 단적인 은닉으로부터 자신을 드러내면서 자신의 아름다움으로 우리를 매료시키는 것이라는 성격을 갖고 있는 것이다.

따라서 플라톤의 이데아란 근대의 대표적인 사상가인 칸

트가 생각하는 직관형식으로서의 공간이나 시간 혹은 인과율과 같은 사유범주와는 전적으로 다르다. 칸트의 직관형식과 사유범주는 인간에게 원래부터 존재하는 주관적인 인식형식이다. 사람들은 보통 시간과 공간 그리고 인과율을 세계의 객관적인 형식이라고 보지만 칸트는 그것들을 사물을 파악하는 인간의 주관적인 인식형식이라고 보는 것이다. 우리의 정신은 사물을 볼 때 항상 어떤 공간이나 시간에 위치해 있는 것으로 보고 어떤 원인에 의해서 발생한 것으로 보도록 원래부터 구조화되어 있다는 것이다. 우리가 흔히 객체라고 보는 것들은 인식 주체로서의 인간의 주관적 인식형식에 의해서 구성된 것이다. 이런 의미에서 칸트는 인간의 주관적인 인식형식을 객체들을 가능하게 하는 항존적인 근거로 본다. 칸트에서는 존재가 인간의 주관적인 인식형식이 되는 것이다. 이에 반해 플라톤의 이데아는 단적인 은닉으로부터 자신을 드러내는 퓌지스의 비은닉적 성격을 아직도 가지고 있다.

그러나 플라톤은 존재를 존재자들을 조건 짓는 항존적인 근거로서 파악함으로써, 존재를 존재자에 대한 인식을 가능하게 하는 항존적인 조건으로 파악하는 칸트식의 근대적인 존재이해를 준비했다. 플라톤에서 존재자와 존재를 조건 지어진 것과 조건 짓는 것 내지 근거 지어진 것과 근거 짓는 것으로 보는 형이상학적인 사유의 길이 놓이게 되는 것이다. 존재는 존재자들을 가능케 하는 조건 내지 근거로서 인간의 정신에 의해서 언제든지 파악될 수 있는 항존적인 것으로 파악되고 있다. 그리고 바로 이러한 이해가 그 후의 형이상학의 길을 결정하게 된다.

다시 말해 그리스시대 이후의 형이상학의 역사 전체는 경이라는 근본기분이 갖는 역사적 특성에 의해서 규정된다. 경이라는 기분에서는 존재자들을 드러내면서 자신은 은닉하는 존재 자체가 자명한 것으로서 전제되고 있을 뿐 물음의 대상이 되지는 않는다. 경이라는 기분에서는 자신을 은닉하는 존재 자체는 경이로운 것으로 여겨지지 않고 그러한 존재를 통해서 개시되고 있는 존재자들만이 경이로운 것으로 여겨지고 있는 것이다. 이에 따라 플라톤 이래의 그리스 형이상학에서는 존재자들을 파악하는 데 집중하게 된다. 경이라는 근본기분에서 드러나는 존재의 자기 고지

告知가 갖는 특수한 성격에 의해서 존재 자체는 갈수록 망각되는 것이다.

근대에서는 경이라는 근본기분과 이러한 근본기분에서 일어나는 존재자 전체의 개현에 대한 기억이 상실되면서 경이라는 근본기분 대신에 회의라는 근본기분이 시대를 지배하게 된다. 회의라는 기분에 사로잡히면서 인간은 자신이 의지할 수 있는 어떠한 확고한 지반도 갖지 못하고 있으며 따라서 자신의 이성의 빛에 의해서 존재자들의 진리를 밝혀 나가야 된다고 생각하게 된다. 이제 진리의 근원은 존재 자체가 아니라 인간의 이성에 존재하는 것으로 간주된다.

회의라는 기분에서 존재자들은 일단은 무규정적인 것das Unbestimmte으로서 나타나며 이성을 통해서 비로소 규정되어야 하는 것으로 나타난다. 따라서 이 시대는 이성을 통해서 이러한 무규정적인 것을 끊임없이 규정해 나가는bestimmen 진보의 시대가 되며, 존재자들과 자신을 규정하는 힘으로서의 이성의 계발이 주창되는 계몽의 시대다. 인간은 자신을 자연과 대립된 주체로 생각하고 자연을 인간의 이성을

통해서 철저하게 파악될 수 있는 체계 안에 편입시키려고
한다.

이와 함께 근대에 와서 존재는 존재자에 대한 경험을 조
건 짓는 인간 본래의 직관형식과 사유형식으로서 파악된
다. 존재가 갖는 퓌지스의 성격, 즉 단적인 은닉으로부터
자신을 드러내는 성격은 이를 통해서 더욱 은폐된다. 존재
는 인간에 속하는 직관형식과 사유형식으로 간주되는 것이
다. 하이데거는 이를 플라톤에서 시작되는 존재망각의 심
화로 보고 있거니와 이러한 망각과 이를 통한 존재의 퓌지
스적인 성격의 은폐는 니체에서 극단에 달하게 된다. 니체
에서 존재란 힘에의 의지라는 성격을 갖는 존재자가 자신
의 힘을 유지하고 고양하기 위해서 고안해 낸 조건으로서
의 가치에 지나지 않는다. 이와 함께 니체에게서 존재는 은
닉으로부터 자신을 단적으로 드러내는 퓌지스의 성격을 완
전히 상실하게 된다. 그것은 존재자 특히 힘에의 의지의 대
표적인 구현자인 인간에 의해서 고안된 것이며, 불필요하
게 되면 언제라도 폐기될 수 있는 것이 된다.

5) 니체의 형이상학과 현대기술문명

플라톤에서 존재로서의 이데아란 인간에 의해서 폐기될 수 없는 것이며 그 자체로 존재하는 것이었다. 칸트에서는 존재가 인간에게 원래 존재하는 직관형식과 사유형식이 되지만, 이러한 형식들도 인간이 임의로 만들어 낸 것이 아니었다. 그러나 니체에 와서 존재란 힘에의 의지로서의 인간의 수단 이외의 것이 아니다. 그것은 힘의 고양에 기여하면 가치를 갖는 것으로 간주되고 소중하게 여겨지지만, 그렇지 않으면 무가치한 것으로서 폐기된다.

니체에게는 플라톤이 말하는 이데아나 칸트가 말하는 직관형식이나 사유형식도 인간이 존재자 전체를 파악하고 지배함으로써 자신의 힘을 유지하고 고양하기 위해서 고안해 낸 것들에 지나지 않는다. 그리고 니체에 따르면 그것들은 인간의 힘을 고양하는 것이 아니라 오히려 저하시키는 것들이기에 마땅히 폐기처분되어야 한다. 니체에서는 존재가 존재자에 대해서 가졌던 전통적인 우위는 전적으로 상실되고, 존재는 특별한 힘에의 의지로서의 인간이란 존재자가 자신의 힘을 유지하고 고양하기 위해서 설정하는 수단으로 전략한다.

니체의 형이상학에서는 자신의 힘의 강화를 위해 모든 것을 수단으로 삼는 무조건적인 주체성이 모든 존재자의 궁극적 근거가 된다. 이러한 무조건적인 주체성은 신이나 도덕적 양심 등과 같은 기존의 존재에 전혀 구애받지 않는다. 신, 도덕적 양심 등과 같은 기존의 존재는 인간을 근거 짓는 것이었던 반면에, 니체에 와서 존재는 전략할 대로 전락하여 인간이 임의로 만들어 내고 불필요하면 폐기하는 가치가 되어 버렸다. 다시 말해서 초감각적인 것(이데아, 신)들은 감각적인 것(충동, 본능, 비이성으로서의 신체)의 비지속적인 산물이 되고 말았다. 감각적인 것의 본질은 힘에의 의지인바, 초감각적인 것은 감각적인 것이 자신의 강화를 위해 만들어 낸 가치로 간주될 뿐이다.

신이라는 것도 니체에서는 인간 자신이 신에 의존함으로써 힘을 갖기 위해서 만들어 낸 가치에 불과하다. 그것은 일종의 허구로서 우리에게 살아갈 힘을 주면 유지되지만 그렇지 않으면 얼마든지 폐기되어도 좋은 것이다. 하이데거는 신에 대한 최고의 공격은 신을 인간이 만들어 낸 가치로 여기는 것이라고 말한다. 신에 대한 최고의 공격은 신을 인식 불가능한 존재로 간주하거나 신의 현존은 증명할 수 없다는 주장도 아니며, 신을 존재하지 않는 것으로 보는 무신론도 아니다.

이런 의미에서 하이데거는 니체의 철학은 플라톤 이래의 서양 형이상학에서 일어나고 있는 존재망각의 완성이며 이러한 존재망각의 완성으로서 니힐리즘의 완성이라고 본다. 존재가 한갓 존재자들을 통제하고 지배하기 위한 가치로 전락할 경우, 모든 존재자도 인간이 자신의 힘을 강화하기 위해 이용하는 수단으로 전락하게 된다. 하이데거는 이러한 사고방식이 현대기술문명을 근본적으로 규정하고 있으며 이러한 사고방식은 니체 철학에서 개념적으로 분명하게 개진되고 있다고 본다. 따라서 하이데거는 니체의 철학을 현대기술문명을 정초하는 철학으로 보고 있다. 현대기술문명을 지배하고 있는 것은 무조건적인 힘에의 의지다. 여기서 모든 존재자는 '언제라도 처분될 수 있는 양화 가능한 에너지'로 간주된다. 이와 함께 모든 존재자가 자신의 독자적인 존재와 무게를 상실하고 공허한 무가 지배하게 되는 극단적인 니힐리즘이 지배하게 된다.

이러한 니힐리즘의 본질이 존재망각이라면, 니힐리즘의 극복은 근본기분에서 자신을 개시하는 존재에 대한 회상을 통해서만 가능하다. 하이데거는 현대에서는 이러한 존재가 경악이라는 근본기분을 통해서 자신을 고지한다고 본다. 경악이란 기분은 오늘날 인간을 비롯한 모든 존재자에서 각자의 고유한 존재가 사라져 버렸다는 사실에 대한 경악이다. 하이데거가 자신의 근본경험이라고 말하고 있는 존재망각의 경험이란 존재가 존재자를 떠나 버리고 황량한 공허가 시대를 지배하고 있다는 사실에 대한 경악이다. 우리는 현대에 대한 이론적 반성을 통해서 이 시대의 공허함을 깨닫게 되는 것이 아니라 경악이란 기분을 통해서 이 시대의 공허한 현실 앞에 직면하게 된다.

6) 경악과 경외

과학기술시대에 인간을 실질적으로 규정하고 있는 맹목적인 지배의지로부터 벗어나기 위해서는 과학기술시대를 지배하는 존재이해 대신에 새로운 존재이해가 주어져야만

한다. 그런데 이러한 새로운 존재이해는 우리가 임의로 고안할 수 있는 것이 아니라 새로운 시대를 정초하는 새로운 근본기분을 통해서만 주어진다. 즉 새로운 존재이해는 존재 자체가 스스로를 고지하는 하나의 새로운 근본기분을 통해서만 주어지는바, 하이데거는 이러한 새로운 기분을 경악das Erschrecken의 기분이라고 말하고 있다.

그런데 존재망각의 경험으로서의 경악이란 이미 존재 자체에 대한 예감이다. 경악이란 기분에 엄습되면서 우리는 우리 인간의 과학기술적 공격을 피해서 존재자들의 고유한 존재가 존재자를 떠나 버렸다는 사실을 깨닫게 된다. 이와 함께 우리가 존재자들을 과학기술을 통해서 파악하고 지배하려는 의지를 버리게 될 때, 존재자에게서 떠나 버린 존재가 존재자들에게 다시 깃들게 된다. 존재자에게서 떠나 버린 존재가 존재자들에게 다시 깃든다는 것은 존재자들의 고유하고 신비로운 존재가 자신을 다시 개시하게 된다는 것을 의미한다. 달리 말해서 그것은 존재자 전체가 '있다'는 사실을 우리가 경이롭게 경험하게 된다는 것을 의미한다.

경악이란 기분을 통해서 우리가 존재자들을 과학기술에

의해서 지배하려는 모든 시도의 허망함을 깨닫고 존재자들에 대한 모든 지배의지를 내려놓을 때 경악이란 기분은 모든 존재자의 신비로운 존재에 대한 경이로 전환하게 되는 것이다. 경이라는 기분에서 존재자들은 우리의 '경탄Staunen'을 불러일으키는 낯선 존재를 갖는 것으로서, 다시 말해 '기술적으로 처리할 수 없는 자체적인 존재'를 갖는 것으로서 드러난다.

이와 같이 하이데거가 개척한 새로운 사유에서 존재는 우리가 이론적으로 파악할 수 있는 존재자 전체의 본질과 최고의 근거가 아니다. 하이데거에서는 경악이나 경이와 같은 근본기분을 통해서 존재가 우리에게 다가오는 것으로서 문제가 되고 있다. 존재는 최대의 전체이고 이러한 전체는 모든 것을 자신의 눈앞에 대상화하여 보려고 하는 인식주체조차 포괄하는 것이기 때문에 그것은 우리에게 지각의 대상으로서든 이론적 고찰의 대상으로서든 하나의 대상으로 나타날 수 없다. 따라서 존재는 존재를 대상화하는 고찰을 통해서 파악되는 것이 아니라 자신을 스스로 개시하는 것으로서만 인간에게 드러난다.

하이데거는 근본기분이야말로 인간과 세계를 포괄하는 최대 전체로서의 존재의 진리가 드러나는 장이기 때문에 우리가 인간과 세계를 제대로 이해하기 위해서는 근본기분을 일깨워야 한다고 본다. 이 경우 '하나의 근본기분을 일깨운다'는 것은 이전에는 의식되어 있지 않던 것을 단순히 의식하는 것을 의미하는 것이 아니라 그 기분에 사로잡힌다는 것을 의미한다. 하이데거는 기분을 일깨운다는 것과 그것을 단순히 의식하는 것은 근본적으로 다르다고 본다. 기분을 의식한다는 것은 그것을 우리 안에서 일어나는 심리적인 사건으로 간주하면서 그것에 의식의 시선을 던지는 것을 말한다. 이에 반해 기분을 일깨운다는 것은 그것으로 하여금 우리를 사로잡게 하고 근본기분을 통해서 고지해 오는 존재의 소리에 귀를 기울인다는 것을 의미한다.

인간과 세계 전체의 진리를 하이데거는 존재의 진리라고 부르고 있는 바, 이러한 존재의 진리는 고요한 정적 속에서 우리에게 자신을 고지해 온다. 그것은 우리를 침묵 속에 빠져들게 하면서 자신의 고요한 소리Geläut der Stille에 귀를 기울이게 하는 것이다. 우리가 경악과 같은 근본기분에 사로잡힐 때 우리는 존재자들을 지배하려는 모든 욕망이 무의미하다는 사실을 깨닫는다. 이와 함께 우리는 존재자들을 지배하려는 모든 시끄러운 시도와 사업에 대한 관심을 잃게 되면서 침묵 속에 빠져들게 되고, 고요한 정적 가운데에서 자신을 고지해 오는 존재의 소리에 귀를 기울이게 된다는 것이다.

이러한 존재의 소리를 우리는 전체의 소리라고도 부를 수 있을 것이다. 근본기분이란 이러한 전체가 개시되는 가능성이다. 이러한 전체를 우리는 파악하기 어렵다. 그 이유는 그것이 우리에게 너무 떨어져 있어서가 아니라 오히려 너무 가까이 있어서, 그것을 보기 위해서 그것으로부터 어떠한 거리도 취할 수 없기 때문이다. 하이데거는 인간은 이러한 전체로서의 존재가 개시되는 장이라는 의미에서 현-존재라고 부르고 있다.

인간이 전통 형이상학이 파악하는 것처럼 이성적 동물이 아니고 현-존재라고 할 경우, 존재자 전체에서 인간이 갖는 의미와 위치에 대한 파악에 중대한 변화가 일어나게 된다. 인간이 단순히 이성적 동물일 경우, 인간은 동물들과 동물적 기반을 함께하면서 단순히 자신의 이성을 통해서 더 멀리 내다보고 더 잘 기억함으로써 존재자들을 지배하는 탁월한 동물이 된다. 인간을 이성적 동물로 보는 전통 형이상학의 인간관이 정점에 달하는 현대의 과학기술 문명에서, 인간은 계산하고 예측하며 조작하는 능력으로서의 이성을 통해서 존재자 전체를 지배하려고 하는 '노동하는 동물'로 나타나는 것이다. 이에 반해 인간을 현존재라고 보는 하이데거의 인간관에서 인간은 인간 자신을 비롯하여 신, 동물, 식물 등 존재자 전체의 고유한 존재가 드러나는 장이 된다. 그 경우 인간의 사명은 존재자 전체에 대한 지배가 아니라, '존재자 전체가 그것의 고유한 존재에서 존재하도록 돕는 것seinlassen'이 된다.

그런데 왜 우리는 존재의 진리에 귀를 기울여야만 하는가? 존재의 진리에 귀를 기울인다는 것은 우리가 개인이나 민족 혹은 인류라는 협소한 관점에서 존재자들을 경험하지 않고 모든 존재자를 포괄하는 최대의 포괄자인 존재의 관점에서 존재자들을 경험한다는 것을 의미한다. 이렇게 존재자들을 경험하는 것에 의해서만 존재자들의 고유한 존재와 진리가 드러난다. 다시 말해 존재자를 존재의 관점에서 경험한다는 것은 존재자들을 어떠한 특정한 존재자, 특히 탁월한 존재자인 인간의 관점에서 경험하지 않는다는 것, 즉 존재자들이 인간에 대해서 갖는 유용성이나 이용 가능성 등의 관점에서 경험하지 않는다는 것을 의미한다. 이렇게 존재자들을 인간의 관점에서 경험할 경우 존재자들은 그 자신의 고유한 본질과 진리로부터 소외된다.

또한 존재자를 존재의 관점에서 경험한다는 것은 역사학이나 자연과학처럼 어떤 사건을 그것에 선행하거나 동시적인 혹은 후속하는 사건과의 연관하에서 고찰하지 않는 것을 의미한다. 역사학이나 자연과학에서는 어떤 사건이 다른 사건에 대한 원인이나 결과로서 고찰될 뿐이며 결코 그것 자체로서 파악되지 않는다. 그것은 항상 설명되어야 할 다른 사건의 계기로 간주될 뿐이다. 다시 말해서 그것은 어떤 자연 연관이나 역사적 연관의 한 계기일 뿐이다. 개별 과학은 존재자를 '기능적으로' 사유한다. 그것은 존재자를 어떤 것에 대한 기능이나 어떤 것 안에서 그것이 차지하는 기능에 있어서 고찰한다. 이러한 기능주의적인 관점에서 존재자는 본래적으로 파악되지 못한다. 이러한 관점은 존재자를 일정한 타자에 대한 기능으로서 고찰하는 것이며 이를 통해서 존재자를 그것 자체로부터 소외시키는 것이다.

그렇다고 해서 존재자를 모든 관계와 기능으로부터 완전히 분리해서 보는 것을 통해서 존재자가 그 자체로서 파악되는 것도 아니다. 존재자는 이미 무수한 존재자들과의 관계 속에서 존재하기 때문에 이러한 관계에서 벗어나는 것은 존재자를 오히려 소멸로 이끌 것이다. 아울러 전적으로 고립된 것은 인식될 수 없다. 인식은 항상 존재자를 어떤 이해 가능한 연관 안으로 편입시키는 것이며 존재자를 개별자로서 단순히 응시하는 것이 아니기 때문이다.

존재의 관점은 존재자를 그 자신으로부터 소외시키지 않고 그 자체로서 드러나게 한다. 이는 존재는 궁극적인 포괄자이기 때문에 어떠한 한계도 갖지 않으며 그것 안의 어느 개별자에 대해서도 타자일 수 없기 때문이다. 그것이 어떤 개별자의 타자일 경우 그것은 또 하나의 개별자에 지나지 않을 뿐이며 포괄자가 아닐 것이다. 존재는 한정되고 규정된 것이 아니라 무한하고 절대적인 것이다. 무한하고 절대적인 것으로서의 존재만이 존재자를 구원하여 그의 고유한 존재와 진리에로 향하게 하며, 이러한 고유한 존재와 진리를 통해서 존재자는 한갓 기능으로서의 의의를 넘어선 자체적인 의의를 갖게 된다.

하이데거는 우리가 존재의 관점에 서게 될 때 신이라는 존재자도 새롭게 경험하게 될 것이라고 말하고 있다. 그리스인들은 신을 최대의 포괄자인 존재로서의 퓌지스 안에 존재하는 존재자로 보았다. 이와 마찬가지로 하이데거도 신을 존재라는 최대의 포괄자 안에 존재하는 하나의 존재자로 보면서 그것의 고유한 존재와 본질은 존재의 관점에서만 제대로 드러날 수 있다고 본다. 니체는 신이란 존재도 인간이 만들어 낸 하나의 허구적인 관념에 불과하다고 보지만 하이데거는 신을 허구적인 관념으로 보지 않는다. 하이데거는 횔덜린을 따라 옛날의 신들은 떠나가 버렸고 와야 할 신들은 아직 도래하지 않았다고 말한다. 하이데거에 의하면 이러한 신들은 단순한 관념이 아니라 실재하는 신이며, 횔덜린은 자신의 시를 통해 도래해야 할 신들을 불러내고 있다. 하이데거는 존재자들에 대한 기술적 지배의지에서 벗어나 존재자 전체에 대한 경이라는 기분에 사로잡힐 때 새로운 신들도 도래하게 될 것이라고 본다.

전통 형이상학은 우리 인간의 지적인 이성을 통해서 존재자들을 파악하려고 한다. 이에 반해 하이데거가 개척하는 새로운 사유는 우리로 하여금 존재자들을 파악하려는 의지마저 벗어나게 하면서, 우리를 존재자들과 우리 사이의 간극이 사라지고 서로가 호응하는 존재의 열린 장 안으로 진입하게 하려고 한다. 이러한 열린 장에서 존재자들이 존재한다는 것은 기존의 형이상학에서와는 전혀 다른 의미를 갖게 된다. 기존의 형이상학에서 '존재자들이 존재한다'는 말의 의미는 각 역사적 시기마다 차이는 있지만 본질적으로 '눈앞에 있음Vorhandensein', 즉 '존재자들이 지각의 대상으로든 이론적 고찰의 대상으로든 우리 앞에 존재한다'는 의미로 이해되었던 반면에, 이제 '존재자가 존재한다'는 말의 의미는 존재자가 자신의 고유한 존재를 스스로 개현하면서aufgehen 우리에게 다가온다angehen는 의미가 되는 것이다.

아울러 인간이 존재한다는 말의 의미도 기존의 형이상학에서와는 전혀 다른 의미를 갖게 된다. 인간은 더 이상 존재자들을 자신의 대상으로 눈앞에 놓고 관찰하거나 그것들을 사용하는 주체로서 존재하지 않는다. 이제 인간은 존재자들로 하여금 자신들의 고유한 존재를 드러내도록 돕고 존재자들의 고유한 존재에 대해서 경이를 느끼는 자로서 존재하게 된다. 하이데거의 새로운 사유는 이렇게 우리로 하여금 우리가 항상 보는 존재자들의 단순 소박하고 고유한 존재에서 경이를 느낄 것을 요구한다. 그것은 우리에게 존재자들을 이론적으로든 기술적으로든 지배하고 통제하려던 인간으로부터 존재자들에 대해서 경이를 느끼는 존재로 변화될 것을 요구하는 것이다.

7) 존재와 인간

위에서 본 것처럼 각 시대를 규정하는 근본기분에 따라서 새로운 존재이해가 주어진다. 이런 의미에서 하이데거는 이 시대의 철학적인 과제는 존재자들에 대한 이론적인 고찰로서의 전통 형이상학적인 작업을 계속하는 것이 아니라, 존재 자체가 각 역사적 시대마다 근본기분들을 통해서 어떻게 자신을 고지하고 있는지에 대한 해석학적인 작업이 된다고 말하고 있다. 하이데거는 이러한 해석학적인 작업을 존재사적 구명die seinsgeschichtliche Erörterung이라고 부르고 있다.

이러한 존재사적인 지평에서 하이데거는 전통 형이상학의 역사 전체도 오류의 역사가 아니라 존재 자체의 개현의 역사이고, 서양의 위대한 형이상학자들은 그러한 존재 자체의 개현을 충실하게 수행한 사상가들로 보고 있다. 그들은 자신들이 처한 역사적 운명에 충실했다는 것이다. 서양 형이상학의 중요한 개념들, 즉 이데아, 형상, 선험적 통각, 절대정신, 힘에의 의지 등은 이러한 형이상학자들이 임의로 만들어 낸 것이 아니며 존재자들에 대한 냉정한 관찰을 통해서 발견해 낸 것도 아니다. 그것은 존재 자체에 의해서 주어진 존재의 진리들이며 오히려 그들은 이러한 존재의 진리에 대한 이해에 입각하여 존재자들을 고찰했다고 보는 것이 옳다. 인간은 존재 자체를 망각하고 있는 순간에도 항상 존재 자체에서 발현되는 진리의 빛에 의거하여 존재자들을 발견할 수밖에 없다. 물론 전통 형이상학에게 비추어 진 존재의 빛은 전통 형이상학에서는 존재 자체가 망각된 형태로 주어질 수밖에 없었기에 존재 자체가 아닌 존재 자체의 흔적Spur이다.

하이데거에서는 존재가 역사적으로 새롭게 자신을 드러 내는 과정은 그러한 새로운 개현을 존재자들 내에 구체화 하는 새로운 인간유형의 탄생과 함께 일어난다. 존재이해 가 변화되는 것은 단순히 인간의 지성에서만 일어나는 사 건이 아니라 인간 자체가 변화되는 사건인 것이다. 하이데 거에서 고대의 인간과 중세의 인간 그리고 현대의 인간은 각각 상이한 존재이해에 의해서 규정되어 있으며 각각 다 른 역사적 인간유형이다. 모든 존재자를 신의 피조물로 보 았던 중세적인 존재이해가 중세시대의 인간을 신에게 의지 하는 인간으로 각인한 것처럼, 현대의 존재이해는 인간을 모든 존재자로 하여금 더 많은 에너지를 내놓도록 내몰고 그렇게 내모는 과정에서 자신의 심신을 소모하는, 노동하 는 동물로 각인하고 있다.

그러나 현대의 인간유형을 극복하는 새로운 역사적 인간

유형은 하이데거에서는 그 이전 시대의 인간유형들과는 근본적으로 전혀 다른 형태를 갖게 된다. 이는 새로운 인간유형을 규정할 존재이해가 그 이전의 존재이해들과는 전적으로 다른 것이기 때문이다. 현대의 존재이해는 고대 그리스의 존재이해와 다르면서도 이것에 의해서 준비되었기 때문에, 양자 간에는 비연속성과 더불어 연속성이 존재한다. 따라서 현대인과 고대인 그리고 중세인 사이에는 비연속성과 더불어 연속성이 존재한다. 하이데거는 인간을 이성적 동물로 보는 인간관이 각 시대마다의 뉘앙스의 차이에도 불구하고 서양의 역사 전체를 관통해 왔다고 생각한다. 노동하는 동물로서의 현대인은 이성적 동물로서의 인간의 궁극적 귀결이다. 그러나 이 시대에 요구되는 존재이해가 전적으로 새로운 것이어야 하는 것처럼 이러한 존재이해에 상응하는 인간은 전적으로 새로운 인간이지 않으면 안 된다. 이러한 새로운 인간유형을 하이데거는 현-존재라고 부르고 있다.

이상에서 본 것처럼 인간이 자신을 변화시킨다는 것은 하이데거에서는 소위 이성적 주체로서의 인간 자신의 임의적인 결단을 통하여 가능한 것이 아니다. 유한하고 역사적인 존재로서의 인간은 각 시대마다 그 시대의 근본기분을 통하여 자신을 새롭게 고지해 오는 존재의 압도적인 힘에 의해 실리는 것에 의해서만 근본적으로 변화될 수 있다. 그러나 이는 하이데거가 인간을 전적으로 수동적인 존재로 파악하고 역사의 맹목적인 과정에 종속된 존재로 보았다는 것을 의미하는 것은 아니다. 존재가 자신을 존재자들 속에 구체적으로 드러내기 위해서는 존재의 자기 고지에 대한 인간의 응답이 필요하며, 인간의 응답이란 하이데거에서는 위대한 사상가들과 시인들의 구체적인 사유와 시작詩作으로서 나타난다. 역사란 존재의 자기 고지와 이에 대한 인간의 응답 그리고 이에 따른 존재의 새로운 자기 고지와 인간의 새로운 응답으로 이루어지는 것이다. 존재의 자기 고지는 이와 같이 인간에서 전적으로 독립하여 행해지는 것이 아니다. 존재가 자신을 개현하기 위해서는 항상 자신이 처한 근본기분을 적극적으로 인수하고 그에 입각하여 자신의 시대적 소명을 철저하게 구현해 나가는 인간의 응답이 필수적이다. 따라서 하이데거에서 역사란 존재와 인간이 서로를 함께 창조해 나가는 과정이다.

2. 니체 형이상학의 존재사적 위치

우리는 앞에서 니체가 니힐리즘의 기원과 전개 그리고 극복을 가치사상으로부터 사유하는 것을 보았다. 니체는 니힐리즘을 최고의 가치들이 가치를 상실하는 사건으로 보면서 그것을 새로운 가치정립을 통해서 극복하려고 한다. 니체가 이렇게 니힐리즘의 기원과 전개 그리고 그 극복을 가치사상으로부터 사유하는 것은, 니체가 모든 존재자의 본질을 힘에의 의지로 보기 때문이다. 가치사상은 '힘에의 의지의 형이상학'의 필연적인 귀결인 것이다.

그런데 하이데거는 니체가 니힐리즘의 본질을 인식할 수 없었던 것은 니힐리즘을 처음부터 그리고 오직 가치사상의 입장에서 파악하면서 최고의 가치들이 무가치하게 되는 사건으로 파악했기 때문이라고 말하고 있다. 니체는 서양 형이상학의 궤도와 영역 안에서 사유하고 있을 뿐 아니라 그러한 궤도와 영역에서 서양 형이상학을 종국에 이르기까지 사유하고 있기 때문에, 니힐리즘을 가치사상으로부터 사유할 수밖에 없었다.

니체는 플라톤 이래의 형이상학을 자신의 힘에의 의지 사상으로부터 해석하고 있다. 플라톤 이래의 형이상학은 니체가 보기에 퇴락한 힘에의 의지의 한 형태다. 플라톤 이래의 형이상학은 자신의 고양을 위해서 자각적으로 가치를 정립하지 않고 자신의 힘을 포기하고 초감각적인 가치들을 그 자체로 존재하는 것으로 간주하면서 그것들에 복종하는 무기력한 힘에의 의지의 한 형태다. 이와 같이 니체는 힘에의 의지의 형이상학을 자명하게 옳은 것으로 간주하면서 그것에 입각하여 서양 형이상학의 전체를 해명하고 있다. 그러나 하이데거에게 니체의 힘에의 의지의 형이상학은 모든 시대에 걸쳐서 타당하고 자명한 것은 아니다. 니체의 힘에의 의지의 형이상학은 아래에서 보겠지만 근대에서만, 더 나아가 근대의 완성기에서만 나올 수 있는 사상이다. 하이데거는 니체가 자신이 극복한다고 생각했던 형이상학의 전통, 특히 데카르트 이후의 근대 형이상학의 전통에 의해서 구속되고 있을 뿐 아니라 더 나아가 그러한 전통을 궁극에까지 밀고 나가면서 완성하고 있다는 사실을 밝히고 있다.

하이데거는 데카르트 철학의 본질적 특성을 파악할 때, 인간이라는 '주체'가 데카르트의 형이상학에서 특별한 지위를 갖게 된 것은 어떤 연유에서인가 하는 물음을 실마리로 삼고 있다. 데카르트와 함께 근대 형이상학이 시작하기 전까지는 인간뿐 아니라 모든 존재자가 'sub-iectum'(주체 내지 기체)으로서 파악되고 있었다. 그런데 왜 데카르트 이래로 인간만이 주체로 간주되고 다른 존재자들은 인간이 표상하는 객체로 간주되었는가?

이러한 물음에 대해서 하이데거는 나름대로 답하고 있지만 하이데거의 답변은 상당히 추상적으로 제기되고 있어서 파악하기가 쉽지 않다. 따라서 여기서는 서양의 고중세 형이상학과 근대 형이상학의 본질적 차이에 대한 하인리히 롬바흐[16]의 견해를 끌어들이려고 한다. 고중세 형이상학과

---

16 Heinrich Rombach(1923-2004)는 후설과 하이데거의 현상학을 발전시키면서 독자적인 철학 세계를 구축한 독일의 철학자다. 우리나라에서는 그의 저서들 중 『살아있는 구조-구조존재론의 문제들과 해답들』(전동진 옮김,

근대 형이상학의 본질적 차이에 대한 롬바흐의 견해는 하이데거의 견해와 본질적으로 동일하면서도 하이데거의 서술보다도 훨씬 더 분명하고 구체적으로 개진되고 있다.

1) 실체존재론으로서의 서양 고중세 형이상학

롬바흐는 서양의 고중세 형이상학을 실체존재론이라고 부르고 있으며 근대 형이상학을 체계존재론이라고 부르고 있다.

서양의 고대와 중세의 형이상학에서 세계는 항상 동일한 것으로 존속하는 실체Substanz들로 구성되어 있고 이러한 실체에 끊임없이 변화하는 속성들이 부속해 있다고 보았다. 이러한 의미에서 서양 고중세 형이상학은 실체존재론이다. 실체존재론은 존재자들은 종적인 본질을 가지며, 이러한 종적인 본질은 생명체들에서는 영혼anima이라는 형태로

서광사, 2004), 『아폴론적 세계와 헤르메스적 세계-현실에 관한 사유의 전환: 철학적 헤르메틱』(전동진 옮김, 서광사, 2001), 『철학의 현재-서양 철학의 근본문제들과 철학적 물음의 현 위치』(전동진 옮김, 서광사, 2001)가 번역되었다.

존재한다고 본다. 물론 종적인 본질로서의 영혼은 각 개체에서는 각각의 개별적인 영혼으로서 존재한다.

인간뿐 아니라 살아 있는 모든 것이 영혼을 갖지만, 인간의 영혼은 이성이라는 지적 영혼anima intellectiva이라는 점에서 다른 영혼들과 구별된다. 인간과는 달리, 동물은 단순히 감각하는 영혼만을 갖고 있으며, 식물은 단순히 성장과 번식을 조절하는 영혼만을 갖고 있다. 이러한 영혼이 개개의 생물들이 어떤 방식으로 존재할 것인지를, 다시 말해서 그것들이 어떻게 반응하고 행동할 것인지를 규정한다. 즉 '영혼'은 생명체의 모든 개별적인 생명과정들을 조직하고 통일함으로써 생명체의 삶을 가능하게 하는 원리다.

어떤 생물에게 외부로부터 영향이 가해질 경우, 영향이 가해진 그 부분만이 아니라 그 생명체 전체가 반응한다. 그러한 반응은 영혼이라는 내적인 통일 원리를 통해서 매개되고 이해되는 것이다. 물론 이 전체로서의 반응은 다시 어떤 한 부분에 의해서만 수행된다. 이러한 반응은 영향이 가해진 바로 그 부분에 의해 수행될 수도 있지만 대개는 다른 부분에 의해 수행된다. 예를 들어 사슴의 눈은 다가오는 늑

대로부터 특정한 인상을 받지만, 이 눈의 인상을 사슴의 감각적 영혼이 이해함으로써 전혀 다른 기관인 다리의 특정한 반응을 야기하는 것이다. 이러한 반응은 물론 도망하는 것으로 나타난다. 그러나 다리가 도망하는 것도 아니고 눈이 도망하는 것도 아니다. 도망하는 것은 한 마리의 사슴 전체다. 이렇게 하나의 개체를 전체로서 조직하고 통일하는 것이 영혼anima이다.

생명체는 영혼이라는 이러한 내적인 중심을 통해서만 살아갈 수 있다. 이러한 중심은 어떤 특정한 연장延長도 갖지 않고 특정한 장소에 존재하지도 않으면서 하나의 생명체 전체를 규정하고 그것에 '혼을 불어넣는다'. 영혼은 하나의 생명체 전체 안에 현존하고 있으면서도 그 생명체의 각 부분 안에 전체로서 현존하고 있다. 영혼은 감각적으로 존재하지 않기 때문에 감각의 대상이 될 수 없다. 그러나 그것은 감각적으로 나타나는 현상들을 가능하게 하는 것이기 때문에 감각적인 현상들보다도 더 본질적인 것이라고 할 수 있다.

이러한 영혼이야말로 생명체들의 본질에 해당하는 것이

다. 이는 본질이란 어떠한 존재자로 하여금 그러한 존재자로 존재하게 하는 근본적인 핵심이기 때문이다. 밀을 예로 들자면 밀로 하여금 그 모든 변화에도 불구하고 동일한 밀로서 존재하게 하는 핵심적인 것이 밀의 본질이다. 따라서 하나의 사물은 이러한 본질을 근거로 해서만 인간이라든지 원숭이라고 말해질 수 있으며 인식될 수 있다. 본질은 어떤 종에 속하는 모든 사물들이 갖는 근본성질이며 인간의 경우에는 이성이 그 본질에 해당한다. 인간은 이성을 가짐으로써 인간이라는 독특한 실체로 존재할 수 있는 것이다.

2) 체계존재론으로서의 근대 형이상학

이와 같이 서양의 고중세 형이상학은 모든 존재자를 종적인 고유한 본질을 갖는 실체로 보았으며 이러한 실체는 퓌지스로서의 세계나 창조주인 신에게서 비롯되는 것으로 보았다. 모든 생명체는 인간이 아니더라도 영혼을, 즉 나름대로의 능동성을 갖는 것으로 간주되었다. 그러나 근대 서양문명과 이러한 서양문명을 규정하는 근대의 형이상학에서는 세계를 자체적인 독립성을 갖지 않는 계기들 사이의 기능적인 연관체계로 본다. 이 점에서 근대 형이상학을 롬바흐는 체계존재론이라고 부르고 있다. 고중세의 실체존재론에서 개체의 삶을 궁극적으로 지배하는 것이 각 개체가 속하는 종의 본질이라면, 근대의 체계존재론에서 개별적인 계기들을 지배하는 것은 그것들 사이의 전체적인 기능연관이 된다. 다시 말해서 체계존재론에서 각 개체는 개체들 사이의 전체적인 기능연관에 의해서 철두철미하게 규정되는 단순한 계기로 전락하는 것이다.

실체존재론에서 모든 존재자는 자신의 내적인 본질규정에 따라서 다른 존재자들과 관계를 맺는다. 예를 들어 식물은 자신의 본질적인 힘으로, 다시 말해 자신의 식물적 영혼의 힘으로 외적인 환경을 자신의 성장을 위한 계기로 능동적으로 동화시킨다. 우리에게 존재자들은 일상적인 차원에서는 이렇게 자체 내에 고유한 본질을 갖는 개별적이고 독립적인 실체들로 나타난다. 이런 의미에서 고대의 실체존재론은 우리의 일상적인 지각에 입각한 존재론이라고 할 수 있다. 이에 대해 근대의 체계존재론에서는 일상적으로 독립적인 실체들로 나타나는 것들은 '전체적인 체계가 작동하기 위해서 필요한 계기들'로 간주된다. 즉 그것들은 체계System 내의 비독립적인 계기Moment로 전락하게 되는 것이다.

계기는 실체처럼 '자체 내'에 존재를 갖지 못하고 단지 '타자 내 존재esse in alio', 즉 '다른 것 안에서의 존재Sein im andern'를 가질 뿐이다. 그것의 존재방식은 타자들과의 전체적인 연관에 의해서 수동적으로 규정된다. 이러한 전체적인 연관은 자연법칙이라고 불린다. 다시 말해 실체존재론에서 개별 존재자들은 자신들의 고유한 본질에 의해서 규정되는 것으로 간주되었던 반면에, 이제 모든 존재자는 보편적인 자연법칙에 의해서 결정되는 것으로 간주되는 것이다. 이러한 자연법칙은 모든 것을 하나의 통일적인 총체적 기능연관으로 결합시킨다.

롬바흐에 따르면 세계를 기능적인 연관체계로 보는 체계존재론이 근본모델로 삼은 것은 기계장치Mechanismus다. 구체적으로 말하자면 그것은 시계였다. 시계에서 각각의 부품은 어떠한 독립성도 독립적인 가치도 갖지 못하며 전체적인 기능연관체계의 한 계기에 지나지 않는다. 각 부품은 이러한 기능연관체계를 제대로 충족시키는 데 기여하지 못하면 폐기된다. 그런데 이렇게 시계를 모델로 하여 세계와 존재자를 파악하려는 시각은 곧 서양의 학문과 인식을 지배하게 되었다.

롬바흐는 태양의 행성체계에 대한 코페르니쿠스의 파악이야말로 최초의 체계사유였다고 말하고 있다. 1490년경에 코페르니쿠스는 지구를 포함한 행성들이 하나의 기능적인 체계를 이루고 있다는 사실을 드러냄으로써 세계상 Weltbild의 혁명을 초래했다는 것이다. 그러나 롬바흐는 근대적인 의미에서의 체계사유가 비로소 가능하게 된 것은 갈릴레이에 의해서였다고 말하고 있다. 사람들은 코페르니쿠스 이후에도 오직 별들의 관계만을 체계적인 성격을 갖는 것으로 보았는데, 이는 별들은 지상과는 다른 정신적인 물질들로 이루어져 있기 때문에 그것들 간에는 기능적으로 정확한 관계가 성립할 수 있는 것처럼 보였기 때문이다.

이에 반해 갈릴레이는 자신이 발명한 망원경을 사용하여 달 위의 '바다들'과 '산악지대들'을 발견하게 된 후, 달도 지구와 마찬가지로 '흙으로' 만들어져 있을 것이라고 생각한다. 그는 또한 망원경으로 달의 위상변화와 동일하게 진행되는 금성의 위상변화를 관찰한 후 모든 천체가 동질적인 성격을 갖고 있다고 추론한다. 이와 함께 갈릴레이는 별들에게 타당한 체계법칙들은 지상에서도 타당해야 하며, 지상에서의 돌의 자유낙하는 별들의 운동을 결정하는 법칙과 동일한 법칙에 의해 해석되어야 한다고 생각하게 된다. 갈릴레이는 지상에 주어져 있는 모든 것을 올바른 '방법'과 정확한 '분석'에 의해 엄밀히 파악될 수 있는 체계적인 사건으로 보았던 것이다.

그런데 체계존재론이 주장하는 것처럼 모든 존재자가 전체적인 기능연관에 의해서 규정되는 수동적인 계기들이나 기능들에 불과하다면, 실질적으로 존재하는 것은 오직 전체로서의 세계라는 하나의 존재자뿐이다. 일상적인 삶에서 우리는 독립적이고 능동적인 실체적 개체들과 관계하지만, 체계존재론에서는 이러한 개별적인 사물들은 세계의 분절分節, Gliedstück들에 불과한 것이 된다. 이러한 분절들은 자체적인 본질을 갖지 않기 때문에 다른 것들과 질적으로 구별되지 않고 단지 양적으로만 구별될 뿐이다. 따라서 그것들은 수적으로만, 다시 말해 수학적 비례관계에 의해서만 파악될 수 있다. 수와 크기는 유일한 존재자인 세계가 내적으로 분절되고 전개되는 결정적인 방식이다. 이에 따라 근대의 자연과학은 모든 것을 양, 운동, 힘, 공간, 시간 등 수학적으로 계산될 수 있는 몇몇의 요소로 환원한다. 모든 현상은 자연현상들인 한, 측정 가능한 시공간적인 운동량으로 환원될 수 있는 것으로서 간주되는 것이다.

이와 함께 수학은 하나의 분과학문을 넘어서 세계에 대한 근본학문이 된다. 모든 파악은 이제 수학적 방식으로 표현될 때 비로소 인식이 된다. 수학은 이제 실체존재론에서 논리학이 차지하고 있던 자리에 들어서게 되며, 근대적 사유는 필연적으로 정확하게 양화量化하는 자연과학, 즉 정밀한 자연과학이 된다. 이렇게 볼 때 정밀한 자연과학은 자연탐구에 단순히 수학을 적용함으로써 생겨난 것이 아니라, 세계를 수학적인 기능(함수)연관으로 보는 존재론의 혁명을 통해서 생겨난 것이다. 체계존재론의 대두와 함께 근대적인 사유와 현실을 규정하게 되는 '정밀한' 과학이 발생하게 된다. 이러한 정밀과학에서 모든 것은 서로 기능적으로 연관되어 있으며 동등한 가치를 가지고 있고 정확하게 측정되고 예측될 수 있는 것으로 간주되며, '우연적인' 것은 전혀 존재하지 않는 것으로 간주된다. 가장 미세한 사실도 보편적인 자연법칙에 의해서 규정되어 있기 때문에 가장 미세한 사실들에서도 세계 전체를 규정하는 법칙적인 연관이 인식될 수 있다.

롬바흐는 뉴턴이야말로 자연을 하나의 빈틈없는 전체적인 체계로서 드러내는 데 처음으로 성공한 사람으로 보고 있다. 그가 자연의 모든 개별적인 현상을 단 하나의 체계연관으로 환원하기 위해 필요로 했던 것은 단지 약간의 공리들뿐이었다. 뉴턴 이래로 모든 것은 단 하나의 체계로서 파악되어야 한다는 것과 학문들에서는 더 이상 여러 '본질'이 다루어져야 하는 것이 아니라는 사상은 교양 있는 유럽인들에게 의심의 여지가 없는 것이 되었고 체계 사유는 급속한 속도로 유럽을 지배하게 되었다.

하이데거는 이러한 체계존재론적인 사고방식이 나타나게 된 궁극적인 배경을 근대가 이전 시대에 대해서 갖는 새로운 성격에서 찾고 있다. 그리스도교가 지배하던 중세시대에 대해서 근대die neue Zeit가 갖는 새로운 점das Neue은 인간이 자신의 구원을 피안의 영원한 지복에서 찾지 않고 지상에서 찾으려 하며, 신에 의지하지 않고 자기 자신의 힘으로 확보하려고 한다는 데에 존재한다.

고대 그리스인들은 경이라는 기분 속에서 자신들이 존재하는 세계를 퓌지스로 경험하는 것과 함께 세계를 자신을 위협하는 낯선 곳으로 느끼지 않았기 때문에 굳이 피안에서 구원을 찾으려고 하지 않았다. 이에 반해 서양의 중세에서는 경이라는 기분이 사람들을 사로잡는 힘이 약화되면서 사람들은 세계를 자신들의 존재를 위협하는 낯선 곳으로 느끼게 된다. 이와 함께 사람들은 피안의 신에게서 구원을 찾게 된다. 근대에 와서 경이라는 기분은 완전히 사라지고 사람들은 세계를 중세인들보다도 훨씬 더 심각하게 자신들을 위협하는 낯선 곳으로 여기게 된다. 그러나 근대인들은 더 이상 신에게서 구원을 찾지 않고 스스로의 힘으로 자신의 구원을 확보하려고 한다. 근대인들은 신에 의지하지 않고 자신이 확신할 수 있는 확실한 진리에 근거하여 자신의 구원을 확보하려 하는 것이다.

데카르트는 이성적인 사고를 통해서 이러한 확실한 진리를 찾을 수 있다고 여겼다. 달리 말하자면 데카르트는 확실한 진리는 성서에도 하느님의 계시에도 존재하지 않는다고 보았으며, 오직 이성적인 사고를 통해서만 발견할 수 있다고 보았던 것이다. 잘 알려져 있듯이 데카르트는 이러한 확실한 진리를 "나는 생각한다. 고로 나는 존재한다ego cogito, ergo sum"는 명제에서 찾았다. 데카르트는 모든 것을 의심해 보면서, 더 이상 의심할 수 없는 확실한 것으로서 그렇게 의심하는 자아의 존재를 발견한다.

데카르트는 심지어 2+2=4라는 것까지 의심한다. 사실은 2+2=5인데 전능한 악마가 있어서 우리로 하여금 2+2=4라고 믿게 했다고 우리는 충분히 의심해 볼 수 있다는 것이다. 우리가 데카르트처럼 의심하기 시작하면 의심하지 못할 것은 아무것도 없다. 그러나 이 경우에도 우리가 절대로 의심할 수 없는 것이 있다. 그것은 이렇게 의심하는 나, 의심하는 정신 내지 의식이 있다는 사실이다. 이러한 사실을 우리가 의심하려고 하더라도 그것을 의심하기 위해서는 의심하는 의식이 있어야 한다.

데카르트는 우리가 더 이상 의심할 수 없는 확실하고 지속적으로 현존하는 것으로서 자기의식을 발견하게 된다. 이와 함께 사물들에 대한 모든 의식은 모든 확실성의 부동 不動의 기초인 인간 주체의 자기의식으로 환원된다. 신이 아니라 인간이 확실하게 존재하는 것으로 간주하는 것만이 존재하는 것이 된다. 다시 말해서 데카르트에서 인간은 자기 자신의 존재만을 가장 확실한 것으로 간주하는 주체가 되고, 사물들은 주체에 의해서 비로소 그 존재가 인정되는 객체로서 규정된다. 인간은 모든 확실성과 진리에 대해서 근거와 척도가 되는 것이다.

롬바흐에 의하면 데카르트가 개척하고 있는 이러한 형이상학은 코페르니쿠스와 갈릴레이를 통해 자연을 설명하는 데 큰 성공을 거두었던 체계존재론이 고중세의 실체존재론보다 타당성을 갖는다고 전제하고 있다. 그리고 데카르트는 그러한 체계존재론이 타당성을 갖기 위해서는 인간의 인식과 세계 전체가 어떠한 성격을 가져야 하는지를 반성하는 것을 자신의 과제로 삼았다.

세계가 체계존재론이 파악하는 것처럼 기능적으로 연

관된 하나의 존재자라면 이에 대응하는 인간의 인식도 여러 부분으로 구성되는 것이 아니라 단 하나의 체계를 형성해야 한다. 이 하나이며 전체인 것은 비록 '분절Glieder'이나 '계기' 등으로 분해될 수 있기는 하지만, 이 분절이나 계기는 자립성, 즉 실체성의 성격을 가질 수 없다. 따라서 오직 단 하나의 학문, 즉 세계에 관한 단 하나의 학문인 세계학Weltwissenschaft만이 존재한다. 이 학문을 데카르트는 '보편수학mathesis universalis'이라고 불렀다.

그런데 우리의 일상적인 지각이 발견하는 것은 체계가 아니라 사실은 실체적인 사물들이다. 이에 반해 모든 것을 하나의 수학적인 체계로서 인식하는 것은 사물에 대한 직접적인 지각을 통해서가 아니라 사유에 의해서 세계를 구성해 내는 것에 의해서 가능하게 된다. 근대적인 자연과학이 수학적인 자연과학일 경우, 수학이라는 학문의 특성은 외적인 실재에 의해서 구애되지 않고 자신이 명증적이라고 상정하는 공리에서부터 모든 것을 연역해 낸다는 점이다. 체계적인 세계인식은 이렇게 수학적인 연역의 성격을 띤다.

데카르트는 이른바 우리의 의식 속에 우리가 태어날 때부터 가지고 있는 명증적인 생득관념이 있다고 보았으며 우리의 지식체계란 결국은 이러한 생득관념에서 연역해 낸 것이라고 보았다. 고대의 실체존재론은 모든 것을 실체와 그것에 속하는 속성들로 이루어져 있다고 보는 우리들의 일상적인 지각에 입각해 있었다. 그러나 데카르트는 근대 과학은 이러한 일상적인 지각을 믿지 않고 오히려 이성적으로 가장 명증적인 관념에서 나머지 명제들을 연역해 내는 방식을 취했기 때문에 전대미문의 성공을 거두었다고 보고 있다. 따라서 데카르트는 "나는 생각한다, 고로 나는 존재한다"는 가장 확실한 진리로부터 모든 다른 진리를 연역해 낼 수 있다고 본다.

데카르트는 우리에게 명석 판명한 관념은 실재 자체에 대해서도 타당하다고 본다. 이는 수학이 구체적인 사실들인 관념들밖에는 다루지 않지만 이러한 관념들이 경험적인 실재에 타당한 것과 마찬가지다. 예를 들어 수학이 다루는 원은 관념으로서의 원임에도 불구하고 원에 대한 수학적 정의는 경험적인 모든 원에 타당하다. 이런 의미에서 데카르트의 보편수학은 수학과 마찬가지로 관념에서 실재에로 나아간다.

데카르트는 세계 자체를 인식하기 위해서 필요한 것은 명증적인 관념밖에 없다고 생각하기 때문에 그의 일차적인 과제는 명증적인 관념들을 발견하는 것이다. 이러한 명증적인 관념들로서 데카르트는 사유와 연장이란 관념들을 발견한다. 그런데 신체라는 관념은 결코 사유라는 명석한 관념에는 포함되지 않는다. 따라서 신체라는 관념이 판명하기를 바란다면 이 관념은 영혼이란 관념에서 배제되어야 한다. 영혼이란 관념이 신체에 속하는 어떠한 것도 포함하지 않는다는 것은 영혼은 신체와 전적으로 다른 실체라는 것을 의미한다. 실체의 관념들이 서로를 배제하는 것과 마찬가지로 실체들은 서로를 배제한다. 영혼은 사유에 지나지 않듯이 신체란 공간에서의 연장에 지나지 않는다. 이렇게 인간의 의식을 신체와 전혀 결합되지 않으면서 실재 자체에 대한 인식을 태어나면서부터 가지고 있는 순수한 정신적 실체, 즉 천사와 같은 것으로 보는 데카르트적인 개념은 라이프니츠와 스피노자와 같은 사상가들의 예에서 볼

수 있는 것처럼 직접적 명증성을 지닌 학설로서 받아들여
지면서 전 유럽을 석권하게 되었다.

데카르트는 모든 학문은 위와 같이 가장 명증적이고 근
본적인 관념들로부터 논리적이고 명증적인 방식으로 모든
뒤따르는 명제를 전개시킨다고 본다. 모든 명제는 가장 명
료한 연역관계를 이루면서 서로 의존한다. 그것들은 절대
적으로 확실한 명제들의 왕국을 형성한다. 세계의 본질은
우선 가장 일반적인 법칙들에서 표현되고 그리고 나서는
점점 더 특수한 법칙들로 표현된다. 원칙적으로 엄밀한 연
역은 각 사태연관의 구체적인 상황에까지 미쳐야 할 것이
다. 사람들은 어느 때건 세계의 모든 상태를 세계의 원리로
부터 절대적인 필연성을 가지고 규정하고 예견할 수 있어
야 한다.

그러나 인간의 지성은 유한하기 때문에 그렇게 멀리까
지 미치지는 못한다. 인간의 지성은 독자적으로는, 일반적
인 규칙들을 파악하는 데 그친다. 특수한 경우들은 인간 지
성에게는 일반적인 법칙들과 명백히 연관되지 않은 채 남
는다. 따라서 그것들은 감각적인 경험experientia으로부터 받

아들여져야 한다. 비록 인간은 세계의 모든 내용을 절대적인 필연성의 체계로 완전히 환원시키는 데까지는 도달할 수 없지만, 그래도 그에겐 엄밀한 지성적 연역과 감각적인 경험 사이의 거리를 점점 더 줄일 수 있는 가능성이 주어져 있다. 인간은 감각에 주어지는 낯선 경험을 지성이 자신의 명증적인 공리로부터 연역적으로 끌어낼 수 있는 것으로 바꾸어 나간다. 따라서 이러한 인식에서 인식의 내용은 엄밀히 말하자면 감각으로부터 받아들여진 것이 아니라 인식 자체 내에서 산출된 것이며 수용물이 아니라 생산물이다.

따라서 사유가 세계를 자체 내에서 구성한다. 학문은 고대와 중세에서처럼 이제 더 이상 특정한 대상들의 본질에 대한 인식이 아니라, 그 자신의 인식, 즉 정신의 자기인식이 된다. 참된 판단들은 외부 사물들에 대한 적합한 기술記述에 의해서가 아니라 오직 '나의 사유' 안에서만 획득되고 세계를 자체 내의 사유원리를 통해서 구성해 내는 것이 된다. 세계는 오직 지성을 통해서 철저하게 이해될 수 있는 것으로만 존재하며, 그것은 사유 내에서 산출된 개개의 존재자가 다른 모든 존재자에 대해서 갖는 기능적 관련일 뿐이다. 다시 말해 전근대적인 인식개념에서 인식은 세계에 대한 관상観想, Theoria의 성격을 갖고 있었고 대상과 일치되는 것을 지향한 반면에, 데카르트에게는 '자기 자신에 머물러 있는 창 없는 밝음'이 인식의 범형이 된다.

따라서 근대의 체계존재론에서 진리는 고대와 중세의 실체존재론에서처럼 인식과 사태 사이의 일치가 아니다. 참된 인식은 이제 다른 모든 인식과 일치하면서 전체적인 체계를 이루는 인식이다. 진리란 인식의 자기확증이며, 따라서 체계존재론이 상정하는 진리론은 대응설이 아니라 정합설이다. 이런 의미에서 근대적인 진리 개념을 하이데거는 확실성 내지는 자기확실성이라고 부르고 있다.

> 확실성으로서의 진리는 안전성의 확보이며 질서ordo이고 모든 면에서의 철저한 확-정, 즉 완-결per-fectio이다.[17]

따라서 체계의 존재론과 근대의 합리주의Rationalismus는 동

---

17 하이데거 전집 5권: *Holzwege*, 245쪽.

일한 것의 양면이다. 근대적인 세계인식은 세계에 대한 직관에 근거하는 것이 아니라 자신에게 이미 존재하는 내적인 인식을 전개하는 것이며, 경험적인 직관이란 이러한 내적인 인식을 전개하는 데에 있어서 하나의 계기가 될 뿐이다. 따라서 근대철학은 이성의 절대적 자립성을 자신의 원리로 삼는다. 주체 자신이 이제는 존재자 전체의 근거인 존재가 되며 모든 진리에 대한 근거와 척도가 되는 것이다.

서양 고중세의 실체존재론이 우리의 일상적인 지각에 입각해 있는 반면에, 데카르트는 철저히 검토하고 신중히 계산하면서 의문의 여지가 없는 것만을 진리로서 인정하려고 한다. 이런 의미에서 데카르트에서 진정한 의미의 인식과 사유는 회의懷疑라는 의미의 인식과 사유다. 이러한 회의는 모든 것에 대해서 혐의를 품고 어떠한 동의도 거부하는 것을 의미하지는 않는다. 그것은 오히려 의심할 수 없는 확실한 것을 확보하려고 한다. 회의하는 사유는 자신이 '처리했고' 계산을 끝낸 것으로서 의심할 여지가 없는 것이라는 성격을 갖는다고 간주된 것만을 확실하게 확보된 것으로, 즉 참된 것으로 인정한다. 우리가 우려나 의심을 갖지 않고 언제라도 그리고 명확히 처리할 수 있는 것으로서 어떤 것이 확정되고 확보되어 있을 경우에만 그것은 존재하는 것으로 간주된다. 데카르트에서 인식은 어떤 것을 소유하고 정복하는 것을 의미하는 것이다.

데카르트 이전에도 사람들은 인식과 인식된 것은 인식하는 자아와 관련되어 있다는 사실을 이미 알고 있었다. 그러나 데카르트에서 결정적으로 새로운 점은 인식하는 자가 하나의 본질적인 척도로서 기능한다는 것이다. 데카르트는 인식하는 자아를 모든 것이 그것 앞에서 자신의 확실한 존재여부를 심판받는 '재판소'로서 정립했다. 즉 인식하는 자아를, 인식된 것이 존립과 존속성을 갖는지 그리고 갖는다면 어느 정도 갖는지에 대해서 결정하는 최고의 그리고 유일한 '재판소'로서 정립했다.

이제 존재자의 존재는 인식하는 주체에 의해 확실하게 존재하는 것으로 인정받음이 된다. 이렇게 인식하는 주체가 어떤 사물을 확실하게 존재하는 것으로 인식하는 것을 하이데거는 표상작용Vor-stellen이라고 부른다. 이 경우 '표상한다'는 것은 존재자를 단순히 머릿속에 떠올리는 것을 의미하지 않고 존재자를 자신 앞에 세우고 그것이 확실하게 존재하는지 아닌지를 평가하는 것을 의미한다. 따라서 존재자가 존재한다는 것은 표상되어져 있음(앞에 세워져 있음)을 의미한다.

이 경우 존재자의 존재가 표상되어져 있음이라는 것이 존재자가 한갓 인간의 생각이 만들어 낸 것이라는 사실을 의미하지는 않는다. 데카르트는 칸트와 마찬가지로 존재자와 존재자로서 확정된 것은 그 자체에 있어서 그리고 그 자체로부터 현실적으로 존재한다는 사실을 의심한 적이 없었다. 존재자가 존재한다는 것은 계산하는 표상작용에 의해서 존재자가 확실하게 확보되어 있다는 것을 의미한다. 존재자가 이렇게 확실하게 확보됨으로써 인간에게는 존재자의 정복과 지배가 보장되며 이러한 방식으로 인간은 신을 통해서가 아니라 자기 자신의 힘으로 자신을 구원할 수 있게 된다. 그러한 표상작용에 의해서 인간은 모든 것이 덧없이 생성 소멸하는 세계에서 자신의 안전을 스스로 확보하는 주체로 존재할 수 있게 된다. 데카르트에서 인식이 가지고 있는 이러한 의미는 다음 인용문에서 잘 드러나고 있다.

왜냐하면 그것들은('cogito sum'에 근거하여 자연의 본질에 대한 새로운 이해를 규정하는 개념들) 삶에 매우 유용한 인식에 도달할 수 있다는 전망, 즉 미리 주어진 진리를 단지 추후에 개념적으로 분석할 뿐인 저 강단철학 대신에 직접 존재자를 지향하고 그것으로 나아가면서 불과 물, 공기, 별들과 천체 그리고 우리를 둘러싸고 있는 모든 물체의 힘과 작용에 대한 인식에 도달하는 철학을 발견하는 것이 가능하다는 전망을 나에게 열었다. 그리고 (그러한 요소적인 것, 불, 물, 공기 등의 요소들에 대한) 이러한 인식은 장인匠人들의 여러 활동들에 대한 우리의 인식과 마찬가지로 정확할 것이다. 따라서 우리는 이러한 인식들을 적합한 모든 목적을 위하여 사용할 수 있을 것이며 이러한 인식들(표상하는 새로운 방식)을 통하여 우리는 자연의 지배자이자 소유자가 될 것이다.[18]

이러한 체계존재론에서는 모든 것이 수학적인 함수연관

---

18 『니체와 니힐리즘(Nietzsche: Der europäische Nihilismus)』(하이데거 전집 48권), 박찬국 옮김, 철학과현실사, 2000, 273쪽.

에 의해서 계산될 수 있는 것으로 간주되며, 실체존재론에서 보는 것처럼 존재자들의 실체적인 독립성과 종적인 차이를 존중하는 모든 인식은 참된 인식이 아닌 것으로서 배격되었다. 존재자들 간의 실체적인 독립성과 종적인 차이를 중시하는 파악방식은 사물에 대한 객관적인 파악방식이 아니라 인간이 사물들에 대해서 갖는 주관적인 느낌이나 생각을 사물에 투사한 것에 불과한 것으로 간주되는 것이다. 이와 함께 사물들에 능동적인 혼이 깃들어 있는 것으로 보는 고중세의 형이상학이나 시나 예술은 사물들의 진리를 드러내는 것이 아니라 사물들에 대한 주관적인 파악방식으로 격하된다. 그러나 체계존재론에 입각한 자연파악이야말로 실은 자연에 대한 하나의 관점적이고 제한된 파악이다. 즉 그것은 체계라는 관점에 의해 제한되어 있는 파악이다.

근대적인 체계존재론의 정점은 헤겔이다. 헤겔의 절대정신은 고전적인 실체존재론의 신처럼 만물의 정점 내지 창조자로서 만물과 분리된 실체로서 존재하는 것이 아니다. 그것은 만물을 통해서 자신을 전개하고 이러한 전개과정을 통해서 자신의 인식에 도달하는 주체로서 존재한다. 그리고 헤겔 철학은 이렇게 만물을 통해서 자신을 전개하는 절대정신이 자기인식에 도달하는 과정을 일종의 나선형적인 체계로서 파악하려고 한다. 즉 절대정신은 자신의 시작 Anfang 안에 자신이 앞으로 구현할 가능성들을 이미 다 내포하고 있으며, 종말은 이러한 시작 안에 잠재되어 있던 가능성들을 완전히 구현한 것이다. 이러한 체계 안에서 인간 개개인을 비롯한 모든 개별자는 절대정신이 자신을 전개하면서 자신에 대한 절대적인 인식에 도달해 가는 과정의 계기들로서 이해된다.

이러한 절대자는 만물로부터 독립해 있는 독자적인 실체가 아니기에 절대자의 자기인식도 자체 내에서 이루어지는 것이 아니다. 절대자의 자기인식은 정신적인 존재로서의 인간이 자연과 인간의 역사를 절대정신의 역사라는 수미일관된 체계로 완전히 이해하고 파악함으로써 이루어진다. 따라서 헤겔은 자신의 철학에서 절대정신이 자기인식에 도달했다고 보았다. 달리 말해서 헤겔의 정신은 자신에 대한 절대지에 도달한 절대정신인 것이다. 헤겔에서 정점에 달한 근대 형이상학에서 무한한 존재는 우리들 내의 가장 내적인 본성이 되었다. 다시 말하여 그것은 우리들의 본질이 된 것이며 인간은 본질적으로 무한한 정신인 것이다.

그런데 우리가 데카르트에서 이미 본 것처럼 인간들의 지성은 불완전하고 그의 도덕적인 자아는 감각적인 충동에 의해서 제약되어 있다. 그리고 인간의 지성과 도덕적인 자아는 사람마다 모두 다르게 형성되어 있다. 어떤 사람은 우둔하고 어떤 사람은 다른 사람들보다도 감각적인 충동의 영향을 더 많이 받는다. 그러나 근대 형이상학에서 인간 개개인마다 다른 이러한 경험적 '자아'는, 헤겔이 말하는 절대정신과 같은 순수한 정신의 불충분한 제한에 불과하다. 인간의 유일한 과제는 열심히 노력하여 이 정신을 구현하는 것이다. 그것을 위해 인간은 과학적인 탐구를 행해야 하고 도덕적인 자기도야를 수행해야 한다.

이러한 체계존재론에서는 오직 단 하나의 자아만이 존재한다. 모든 개별 자아들은 유일하면서도 보편적인 참된 자아로부터의 자기소외에 불과하며 이들은 이러한 소외상태에서 벗어나 보편적이고 절대적인 본질을 구현해야만 한다. 이것이 모든 자연사史와 인간사의 의미이고 목표다. 따라서 근대 형이상학에서는 인간 본래의 무한한 자유와 인간 내에 잠재되어 있고 인간이 실현할 수 있는 신성에로의 무한한 진보를 믿는 낙천주의가 지배하고 있다. 근대 형이상학의 본질은 흔히 관념론으로 번역되는 'Idealism'의 문자 그대로의 의미에서 이상주의다. 인간에게는 한계를 돌파해 가는 신적인 힘이 있고, 그것은 인간을 이끌어 나가는 것인 동시에 구속하는 것이다. 인간은 자신의 고유한 무한한 가능성에 의해서만 구속되는 것이다. 따라서 인간에게 유일한 구속은 신에 의한 구속이며, 인간은 잠재적으로 이미 신이며 실제적으로 신이 되어야 한다. 이와 같이 체계존재론에서 인생의 목표는 절대적인 존재를 구현하는 것이 된다.

3) 서양 형이상학 전체의 완성으로서의 니체의 형이상학

니체는 자신이 데카르트의 형이상학을 극복했다고 보았다. 니체에 따르면 데카르트는 순진하게도 인간의 이성이나 의식이 자신이 의식하지 못하는 힘에의 의지에 의해서 규정되었다는 것을 깨닫지 못했다. 그러나 하이데거는 니체의 형이상학이란 데카르트에서 시작된 인간중심주의, 즉 인간을 주체로 보는 사고방식을 극단으로까지 밀고 나간 것이라고 본다.

니체에 따르면, 사유는 우리가 보기에는 '인식'을 위한 수단이 아니라 사태를 지칭하고 질서 지으며 우리가 사용하기 쉽게 만드는 수단이다. 사유의 본질을 이렇게 파악하는 것과 함께 니체는 데카르트의 '나는 생각한다'를 '나는 의지한다'로 환원하고 있으며, 이 경우 '의지한다'는 것을 힘에의 의지로 해석하고 있다. 이와 함께 니체는 부동의 확실한 진리에 대한 데카르트의 추구는 일종의 '진리에의 의지'라고 말한다. 니체에 따르면, '나는 기만되길 바라지 않는다'라든가 '나는 기만하기를 원하지 않는다'라는 것은 나는 확신을 갖기를 바라는 것으로서 '진리에의 의지'이고, 이것들은 힘에의 의지의 형태들이다.

그러나 하이데거는 니체의 사상은 데카르트의 인간중심주의적인 근본입장을 근거로 해서만 가능하다고 말하고 있다. 니체는 데카르트의 형이상학적인 근본입장을 전적으로 계승하면서 완성하고 있다는 것이다. 니체가 의식과 사유 대신에 힘에의 의지로서의 육체와 본능을 내세운다는 사실은 데카르트를 통해서 확립된 형이상학적인 근본입장, 즉 인간중심주의적인 입장을 전혀 변화시키지 않는다. 니체는 인식과 사유를 충동적인 생의 한 기능으로서 생리학적으로 해석함으로써 인간을 주체로 보는 입장을 철저하게 밀고 나가고 있을 뿐이다.

니체는 자신이 인간을 주체로 보는 데카르트의 입장을 궁극에까지 밀고 나가고 있을 뿐임에도 그러한 사실을 망각하고 있다. 그러나 니체가 데카르트를 거부하는 이면에 데카르트와의 일치가 존재한다. 양자는 진리와 존재에 대해서 근저에 놓여 있는 것은 주체로서의 인간이며, 진리는 확실성이 되고 존재는 주체에 의해서 확실하게 표상되어 있음을 의미한다고 보는 점에서 일치한다. 다만 표상작용 자체, 즉 사유가 니체에서는 모든 것의 근저에 놓여 있는 것으로서 모든 것이 소급되어야만 하는 힘에의 의지로서의 육체로 다시 한 번 소급될 뿐이다.

데카르트에서는 인간만이 주체가 됨으로써 모든 존재자는 대상이 된다. 존재자는 사유가 자체적으로 구상한 체계 안으로 편입되어야 할 대상으로서 주관성의 내면으로 흡수되어 버리는 것이다. 그리고 니체에 와서는 '힘에의 의지'가 자신을 실현하는 데 필요로 하는 도구적인 것에 지나지 않게 된다. 이와 함께 고유한 본질을 갖고 독자적으로 존재하는 것으로서의 모든 자립적 실체는 인정되지 않게 된다.

이렇게 데카르트와 니체 사이의 연속성을 주장하면서 하이데거는 데카르트에서 헤겔을 거쳐 니체에 이르는 도정을 비진리, 즉 오류에 대한 파악과 관련하여 해석하고 있다.

데카르트에서 비진리는 오류로서 파악되고 있다. 인간이 오류에 빠진다는 것, 즉 직접적으로 그리고 항상 참된 것을 완전히 소유하고 있지 않다는 사실은 인간의 본질이 제한되어 있음을 의미한다. 따라서 인간은 주체로서 기능하지만 이 주체는 제한되어 있고 유한하다. 인간은 절대적인 인식을 소유하고 있지 않으며 그리스도교적으로 말해서 신이 아닌 것이다.

그러나 헤겔에서 우리 인간은 본질적으로 무한한 정신으

로 간주된다. 인간의 유한성은 전체로서의 무한한 정신이 자신을 전개하기 위해서 사용하는 계기 내지 통과점에 지나지 않게 되며 지양되어야 할 현상에 불과하고, 인간은 본질적으로 절대적인 무한한 정신으로 파악되고 있다. 이와 함께 헤겔에서 비진리 내지 오류는 데카르트에서처럼 인간의 유한성의 단적인 징표가 아니라 절대정신이 자신을 전개하는 과정에서 필요로 하는 진리의 한 단계와 한 양태가 된다. 이러한 사실이 의미하는 것은 주체성은 자신을 실현해 나가는 운동 안에서, 자신을 하나의 조건 지어진 것이면서 유한한 것으로 만드는 비진리를 무조건적인 절대지에로 지양하는 것을 본질로 갖는다는 것이다. 헤겔에서 주체성은 모든 것을 자체 안에서 매개하고 지양하는 절대정신으로 파악되고 있는 것이다.

니체에게도 주체성은 헤겔에서와 마찬가지로 하나의 무조건적인 주체성이지만 진리의 본질이 헤겔에서와는 달리 규정됨에 따라서 헤겔과는 다른 의미를 갖는다. 니체에서는 진리와 비진리 사이의 구별도 붕괴하게 된다. 보다 정확히 말하면 진리와 오류 사이의 구별은 힘에의 의지의 절대적인 명령권에 복속된다. 무엇이 진리이고 오류인지는 힘에의 의지에 의해서 결정된다. 힘에의 의지의 고양에 기여하는 것은 참이지만 그렇지 않은 것은 오류인 것이다. 진리란 힘에의 의지가 자신의 유지와 고양을 위해서 정립한 수단에 지나지 않는다. 따라서 주체성은 모든 한계로부터 벗어날 뿐 아니라 오히려 모든 종류의 제한의 설정과 철폐를 관장한다.

이런 의미에서 하이데거는 니체의 형이상학을 힘에의 의지의 무조건적인 주체성의 형이상학으로서 규정한다. 하이데거가 단순히 '무조건적인 주체성의 형이상학'이라고 규정하지 않는 이유는 이러한 규정은 '인식하는 의지의 무조건적인 주체성'의 형이상학, 즉 정신의 형이상학인 헤겔의 형이상학에 대해서도 타당하기 때문이다. 니체에게 주체성은 육체, 즉 충동과 열정, 다시 말해서 힘에의 의지의 주체성으로서 무조건적이다. 니체와 헤겔에서 보이는 무조건적 주체성의 이 두 가지 형태에서 인간의 본질은 각각의 경우에 상이한 역할을 하게 된다.

형이상학의 역사 전체에 걸쳐서 인간의 본질은 일관되게

이성적 동물로서 파악되어 왔다. 헤겔의 형이상학에서는 완전히 전개된 합리성이 주체성을 규정하는 것이 되며 니체의 형이상학에서는 동물성이 중심이 된다. 주체성의 무조건적인 본질은 결국에는 필연적으로 야만적인 야수성으로서 전개된다. 형이상학의 종말에 해당하는 니체의 철학에서는 "인간은 야만적인 야수다"라는 명제가 제시되고 있다. 이와 함께 이성적 동물의 본질을 규정할 수 있는 여러 가능성들 중에서 최후의 가능성이 실현되었다. 합리성과 동물성 외에 인간을 규정할 수 있는 어떠한 제3의 것도 형이상학에서는 존재할 수 없다. 이는 헤겔에서 인간을 합리성으로 보는 입장이 그리고 니체에서 인간을 동물성으로 보는 입장이 궁극에까지 전개됨으로써 형이상학이 완성되었다는 것을 의미한다.

형이상학이 완성되었다는 것은 형이상학이 종말에 도달한다는 것을 의미하지만, 이 경우 '형이상학의 종말'은 형이상학적인 사유방식의 중단과 소멸을 의미하는 것이 아니라 형이상학의 본질적 가능성들이 고갈되었다는 것을 의미한다. 최근에 진화론을 받아들여 인간을 동물을 실마리로 하여 사유해야 한다는 생물학주의가 철학에서도 득세하고 있지만 이러한 입장은 사실 니체 철학의 아류에 불과하다. 인간의 이성적인 성격을 강조하든 동물적인 성격을 강조하든 모두 형이상학의 궤도 안에서 움직이고 있는 것이다.

형이상학에 대항하는 니체의 반대운동은 단순히 형이상학을 뒤집어 놓은 것이다. 니체는 초감각적 세계를 실재로 여기는 플라톤주의적인 형이상학을 허구로 간주하고 감각적 세계를 실재라고 주장하면서 종래의 형이상학을 거꾸로 세우고 있다. 그러나 이러한 니체의 사유는 이미 형이상학의 구조 자체에 사로잡혀 있는 것이어서 그는 존재망각이라는 형이상학의 근본적인 본질을 사유할 수 없었다. 다시 말해 형이상학에서 존재가 망각되었다는 사실이 니체에게는 은닉된 채로 남아 있었던 것이다. 니체는 스스로를 형이상학으로부터 자유롭다고 생각하지만 오히려 그럴수록 형이상학의 늪에 깊이 빠져들어 갔다. 하이데거는 이렇게 말하고 있다.

그러나 단순히 반대운동Gegenbewegung일 뿐인 그의 철학은,

모든 반대Anti-가 그러하듯이, 자기가 대항하고 있는 상대방의 본질 속에 필연적으로 사로잡히게 된다. 형이상학에 대항하는 니체의 반대운동은 단순히 형이상학을 뒤집어 놓은 것일 뿐이어서, 그것은 형이상학 속으로 휘말려 들어가 거기에서 빠져나올 출구를 찾지 못한다. 그리하여 형이상학은 자신의 본질에 대해 철저히 봉쇄된 채 자신의 고유한 본질을 사유할 수조차 없게 된다.[19]

니체는 광인의 입을 빌려서 이렇게 말했다.

어떻게 우리가 바닷물을 다 마셔 버릴 수 있었을까?

인간이 신을 살해한 사태를 광인은 바닷물을 다 마셔 버린 상태에 비유하고 있다. 여기서 바다는 존재자 전체를 의미하는바, 인간이 살해한 결과 존재자 전체는 인간에 의해 모조리 삼켜져 버렸다. 인간은 존재자 전체를 통제하고 지

---

19 『숲길』(2008), 322쪽(번역을 약간 수정함).

배하는 하나의 주체가 되었기 때문이다. 이와 함께 모든 존재자는 인간이 임의로 처분할 수 있는 객체가 되었다. 힘에의 의지는 그 자체로 존재하는 모든 존재자를 자기 밑에 두면서 그것들의 고유성을 박탈해 버린다. 즉 힘에의 의지는 존재를 자신이 임의로 처분할 수 있는 가치로 전락시키고 이와 함께 존재자들의 고유한 존재를 제거하는 것이다. 존재자들은 존재 자체의 개현을 통해서만 자신들의 고유한 존재를 드러낼 수 있기 때문이다. 이런 의미에서 힘에의 의지에 근거하는 가치사유는 가장 극단적인 의미에서 살해의 의미를 갖는다. 왜냐하면 그것은 존재 자체가 자신을 개현하는 것을 철저하게 막기 때문이다.

하이데거는 니체를 단순히 형이상학자들 중의 한 명으로 보지는 않는다. 니체는 형이상학의 늪에 가장 깊이 빠진 형이상학자다. 니체는 형이상학의 밖을 보진 못했을지라도 그것의 궁극적 귀결을 끌어낸 자이기에, 우리가 형이상학의 밖을 볼 수 있기 위해서는 니체와의 철저한 대결이 필수적이다.

3장
맺으면서

　하이데거에 따르면 니체는 '니힐리즘을 역사적 과정으로서 인식한 최초의 사상가'다. 그런데 하이데거 역시 니힐리즘을 서양의 역사 전체를 지배해 온 역사적 운동으로 보고 있다. 니체와 하이데거 양자에게 서양의 역사는 니힐리즘이 지배한 역사이며 현대란 이러한 니힐리즘의 극복이 문제가 되는 시대로 파악되고 있다. 따라서 니체도 하이데거도 자신들의 사상적 과제를 니힐리즘과의 대결에서 찾고 있는 것이다.

　이러한 유사성에도 불구하고, 하이데거는 니힐리즘에 대한 니체의 대결을 니힐리즘에 대한 극복이 아닌 니힐리의 완성과 극단으로 보고 있다. 이는 니힐리즘의 본질과 역사에 대한 니체의 파악과 하이데거의 파악 사이에는 근본적인 차이가 존재한다는 사실을 시사한다. 하이데거는 이러한 차이가 자신이 니힐리즘을 존재사상이라는 입장으로부터 접근하는 것에 반해서, 니체는 니힐리즘을 가치사상으로부터 접근하는 데서 비롯된다고 보고 있다.

니체는 힘에의 의지의 형이상학을 니힐리즘의 극복이라고 생각한다. 니힐리즘이 오로지 최고 가치들의 무가치화로 이해되고 힘에의 의지가 새로운 가치정립과 가치전환의 원리로서 사유되는 한, 힘에의 의지의 형이상학은 니힐리즘의 극복이라 할 수 있을 것이다. 이러한 니힐리즘의 극복에서는 가치사상이 원리가 된다. 그러나 이러한 니힐리즘의 극복에서 존재가 인간이 자신의 힘의 유지와 강화를 만들어 낸 허구적인 가치에 불과한 것으로 전락하게 된다면, 그러한 극복이야말로 오히려 니힐리즘의 완성이 된다. 니체는 니힐리즘의 몇 가지 특성을 경험하고 그것을 니힐리즘적으로 해석했지만, 그 이전의 형이상학과 마찬가지로 니힐리즘의 본질을 결코 통찰하지 못했다.

니체와 달리 하이데거는 우리 인간이 자신의 힘의 강화를 위해 임의적으로 구상한 가치들은 한갓 주관적인 의미에 지나지 않기 때문에 우리 삶의 진정한 지반이 될 수 없다고 본다. 우리 삶의 진정한 지반이 될 수 있는 것은 존재의 진리이며, 존재의 진리를 경험하는 것과 함께 존재자들의 고유하고 성스러운 존재를 경험할 경우에 우리의 삶은 확고한 지반을 갖게 된다.

하이데거는 "존재의 운명으로부터 사유할 때 니힐리즘의 'nihil'은 '존재가 공허한 무로 간주되는 상태daß es mit dem Sein nichts ist'를 의미한다"고 말하고 있다. 하이데거는 이 말로 존재자들을 드러내면서 존재 자체는 빠져나간다entziehen는 사태를 가리킨다. 존재는 자신을 은닉하며, 이렇게 은닉하는 존재를 서양의 전통 형이상학은 망각했다. 이에 따라서 서양의 전통 형이상학은 존재와 존재의 고유한 진리를 사유하지 않고 존재자들을 사유하는 데 몰두했다. 서양의 전통 형이상학은 오직 존재자만이 존재하며 존재는 공허한 무라고 보는 것이다. 그 결과 니체의 형이상학에서 존재는 하나의 가치로 전락하고 말았다. 존재가 인간에 의해서 정립된 가치로 전락할 경우에는 존재 자체를 경험할 길은 사라지고 만다. 그러나 하이데거의 존재사상에 입각해 볼 때 가치란 인간이 정립할 필요가 없는 것이다. 존재는 그 자신의 무한한 가치를 스스로 드러내는 것이기 때문이다. 현대인은 존재가 그 자신을 드러내는 무한한 가치를 보지 못하고 이러한 존재망각에서 비롯된 공허감을 메우기 위해 여러 가지 인위적 가치를 끊임없이 고안해 내는 것이다.

하이데거의 이러한 견해는 니체와 하이데거 자신 사이의 차이가 어디에 존재하는지를 극명하게 보여 주고 있다고 생각된다. 니체는 최고의 가치로 인정받던 기존의 초감각적인 가치들이 존재자 전체에 대한 지배력을 상실하는 사건으로서 니힐리즘을 파악하고 있다. 이에 반해 하이데거는 니힐리즘을 경악이나 경이와 같은 근본기분을 통해서 우리에게 말을 걸어오는 존재의 진리에 귀를 기울이지 않는 존재망각에 의해서 인간을 비롯한 존재자 전체가 황폐화되어 가는 사건이라고 본다. 니체에게 니힐리즘의 극복은 새로운 가치정립에 의해서 수행되는 반면에, 하이데거에게 니힐리즘의 극복은 존재의 진리에 대한 회상에 의해서만 가능하다. 단적으로 말해서 하이데거의 근본경험이 경악을 통한 경이라는 근본기분에서 존재자 전체를 신비로운 것으로서 드러내면서 자신은 은닉하는 존재를 경험하는 것이었다면, 니체의 근본경험은 신의 죽음을 통한 절망의 경험과 이를 강력한 힘에의 의지를 통해서 극복하는 것이었다.

하이데거가 「"신은 죽었다"는 니체의 말」에서 행하고 있는 니체 해석은 그가 1936년부터 1946년까지 니체에 대해서 쓴 강의록들과 논문들에서 행한 니체와의 대결을 통해서 도달한 결론이라고 할 수 있다. 이 강의록들과 논문들은 1961년에 출간된 하이데거의 방대한 책 『니체 I, II』(박찬국 옮김, 도서출판 길)에 수록되어 있다. 1950년에 출간된 『숲길 Holzwege』에 실린 「"신은 죽었다"는 니체의 말」은 『니체 I, II』에 실린 강의록과 논문들을 통해서 하이데거가 거의 10년에 걸쳐 니체와 대결하면서 도달한 최종적인 결론을 집약적으로 제시하고 있는 글이라고 할 수 있다.

하이데거는 니체와의 대결을 통해 단순히 니체를 해석하는 데 그치지 않고 자신의 후기 사상을 개척하고 있다. 앞에서 말했듯이 하이데거의 사상은 『존재와 시간』을 중심을 한 초기 사상과 존재사적 사유라고 불리는 후기 사상으로 나뉜다. 『니체 I, II』는 후기 하이데거가 니체와의 대결을 통해서 존재사적 사유의 길을 개척해 나가는 과정을 잘 보여주고 있다. 이와 마찬가지로 「"신은 죽었다"는 니체의 말」역시 후기 하이데거의 존재사적 사유를 집약적으로 제시하고 있는 글이라고 할 수 있다.

또한 하이데거가 1936년부터 행하고 있는 니체와의 대결은 1933년부터 1944년까지 독일을 지배했던 나치들과의 대결이라고 볼 수 있다. 하이데거는 니체야말로 자유주의와 공산주의 그리고 나치즘과 같은 20세기의 이데올로기들을 철학적으로 정초하고 있는 사상가라고 보고 있다. 특히 하이데거는 나치즘이야말로 니체의 힘에의 의지 사상을 극단으로까지 밀고 나간 사상이라고 보았다. 이 점에서 하이데거는 자신이 행하고 있는 니체와의 대결은 나치즘과의 대결이라고 보았다. 하이데거는 독일이 패전한 후인 1946년에 프라이부르크 대학 총장에게 보낸 편지에서 이렇게 말하고 있다.

1936년 이래 나는 니체에 대한 일련의 강의와 강연을 통해서 분명히 [나치즘과] 대결했으며 [나치에 대해서] 정신적으로 저항했습니다. 물론 니체는 결코 나치즘과 동일시되어서는 안 됩니다. 근본적인 입장을 도외시할 경우 니체는 반유태주의에 대해서 반대하고 있으며 러시아에 대해서 긍정적인 태도를 취하고 있습니다. 그러나 보다 높은 차원에서 볼 때 니체의 형이상학과의 대결은 니힐리즘과의 대결입니다. 그리고 파시즘은 니힐리즘이 정치적으로 나타난 것이라는 사실이 갈수록 명확해졌습니다.[20]

여기서 하이데거는 자신이 니체의 사상과 나치즘이 모든 점에서 동일하다고 보는 것은 아니라는 사실을 분명히 하고 있다. 나치즘이 반유태주의를 추구하고 러시아에 대해서 대립적인 태도를 취했던 반면에, 니체는 반유태주의를 비판했으며 러시아에 대해서 긍정적인 태도를 취하고 있다

---

20 Otto Pöggeler, Nietzsche, Hölderlin und Heidegger, Philosophisches im politischen Irrtum?, *Martin Heidegger-Faszination und Erschrecken*, Frankfurt/New York, 1990, 180쪽. [ ]의 삽입주는 필자(박찬국)에 의한 것임.

는 사실을 하이데거는 인정하고 있는 것이다. 그러나 나치
즘은 근본적으로 인간을 비롯한 모든 존재자를 계산 가능
한 에너지로 환원하는 니힐리즘이며, 니체의 철학은 바로
이러한 니힐리즘을 정초하는 철학이라는 것이 하이데거의
결론이다.

예를 들어 하이데거는 초인을 계획적으로 사육飼育, Züchtung
해야 한다는 니체의 사상과 '진리는 힘에의 의지의 수단에
불과하다'라는 니체의 진리관은 나치즘에서 가장 노골적
이고 체계적으로 실행되었다고 본다. 이런 맥락에서 하이
데거는 니체에 대한 자신의 비판적 대결은 니체의 사상적
입장 안에서 움직이고 있는 나치즘과의 대결이라고 말하
고 있는 것이다. 이와 마찬가지로 「"신은 죽었다"는 니체의
말」 역시 후기 하이데거가 나치즘과 어떤 식으로 대결하고
있는지를 집약적으로 보여 주는 글이라고 할 수 있다.

하이데거의 니체 연구 이전에 니체는 보통 시인 철학자
로 평가되면서 엄밀한 사유와는 거리가 먼 사상가로 치부
되고 있었다. 이러한 상황에서 하이데거는 니체 사상이 갖
는 철학적 엄밀성을 철저하게 드러냄으로써 니체를 플라

톤에 못지않은 서양의 위대한 형이상학자로 격상시켰으며, 이와 함께 철학계에서 침체되어 있던 니체 연구에 활기를 불어넣었다. 또한 니체가 전통 형이상학과 니힐리즘을 극복하려고 했음에도 오히려 전통 형이상학과 니힐리즘을 완성하고 있을 뿐이라는 하이데거의 파격적인 니체 해석은 그 이후의 모든 니체 해석이 대결하지 않으면 안 될 정도로 니체 연구사에서 큰 의의를 갖고 있다. 「"신은 죽었다"는 니체의 말」에서도 우리는 하이데거의 니체 해석이 갖는 이러한 의의를 짐작할 수 있다.

참고문헌

Heidegger, Martin, *Sein und Zeit*, 12판, Tübingen, 1972.

_____, 전집 5권 *Holzwege*(『숲길』, 신상희 옮김, 나남, 2008).

_____, 전집 7권 *Vorträge und Aufsätze*.

_____, 『니체 I』, 박찬국 옮김, 도서출판 길, 2010.

_____, 『니체 II』, 박찬국 옮김, 도서출판 길, 2012.

_____, 『니체와 니힐리즘*Nietzsche: Der Europäische Nihilismus*』 (전집 48권), 박찬국 옮김, 철학과현실사, 2000.

Nietzsche, Friedrich, *Unzeitgemäße Betrachtungen*, Nietzsche Werke, Kritische Gesamtausgabe, III-1, Berlin/New York, 1972.

_____, *Menschliches, Allzumenschliches I*, Nietzsche Werke, Kritische Gesamtausgabe, IV-2, Berlin, 1967.

_____, *Menschliches, Allzumenschliches II*, Nietzsche Werke, Kritische Gesamtausgabe, IV-3, Berlin, 1967.

_____, *Jenseits von Gut und Böse*, Nietzsche Werke, Kritische Gesamtausgabe,VI-2, Berlin, 1968.

_____, *Götzen-Dämmerung*, Nietzsche Werke, Kritische Gesamtausgabe, VI-3, Berlin, 1969.

_____, *Fröhliche Wissenschaft*, Nietzsche Werke, Kritische

Gesamtausgabe, VI-3, Berlin, 1973.

_____, *Also sprach Zarathustra*, Nietzsche Werke, Kritische
Gesamtausgabe, VI-1, Berlin, 1968.

_____, *Zur Genealogie der Moral*, Nietzsche Werke, Kritische
Gesamtausgabe, VI-2, Berlin, 1968.

_____, *Der Antichrist*, Nietzsche Werke, Kritische Gesamtaus-
gabe, IV-3, Berlin, 1967.

_____, *Ecce homo*, Kritische Gesamtausgabe, VI-3, Berlin/
New York, 1968.

_____, *Der Wille zur Macht*, Stuttgart, 1952.

_____, 『비극의 탄생』, 박찬국 옮김, 아카넷, 2007.

_____, 『바그너의 경우·우상의 황혼·안티크리스트·이 사람을
보라·디오니소스 송가·니체 대 바그너』, 니체 전집 15권, 백
승영 옮김, 책세상, 2002.

_____, 『선악의 저편·도덕의 계보』, 니체 전집 14권, 김정현 옮
김, 책세상, 2002.

_____, 『아침놀』, 니체 전집 10권, 박찬국 옮김, 책세상, 2004.

_____, 『유고 1887년 가을—1888년 3월』, 니체 전집 20권, 백승
영 옮김, 책세상, 2004.

_____, 『인간적인 너무나 인간적인 I』, 니체 전집 7권, 김미기 옮
김, 책세상, 2001.

_____, 『즐거운 학문』, 니체 전집 12권, 안성찬·홍사현 옮김, 책
세상, 2005.